계명영남학총서 4

최치원, 젓나무로 다시 태어나다

강 판 권

계명대학교출판부

ㅣ머리말ㅣ

이 책은 전혀 새롭지 않다. 내가 최치원에 대한 새로운 내용이 없으면서도 구태여 그에게 관심을 가진 것은 한 가지 이유 때문이었다. 그것은 '나무'였다. 그간 나온 최치원 관련 연구서는 아주 많지만, 나는 관련 자료를 충분히 검토하지 않았다. 그건 나의 게으름 탓이다. 그러나 내가 그간의 연구서를 충분히 검토하지 않은 것은 무엇보다도 그를 나무와 관련해서 접근하고 싶었기 때문이다. 나는 나무를 통해 그와 마음껏 소통하고 싶었다. 그래서 상상력이 필요했다. 책 내용 중 많은 부분이 나의 상상력에 기댔다. 나 역시 때론 상상력으로 글을 쓰는 게 두렵다. 그러나 상상하지 않고서는 새로운 뭔가에 도전할 수 없다는 것을 알기에, 도전하지 않고서는 내가 생존할 수 없다는 것을 알기에, 일단 저질렀다. 저지르고 나면 비판이 두렵기도 하지만, 시작보다는 훨씬 마음이 편하다. 일단 나의 몫이 끝났기 때문이다.

나는 애초부터 최치원과 관련한 내용을 역사학적으로 고증할 생각이 없었다. 아니 고증할 능력조차 없었다. 그래서 그와 관련한 많은 내용은 다른 사람들이 지적한 것과 다를 수 있다. 내가 크게 관심가진 것은 고증보다 그의 흔적이었다. 나는 그 동안 그의 흔적을 찾아 다녔다. 어떤 곳은 수차례 갔다. 그렇지만 아직도 그의 흔적 중 직접 가보지 못한 곳이 많다. 내가 그의 모든 흔적을 직접 냄새 맡지 못한 것은 기본적으로 불성실 탓이지만, 이는 이 땅에 그 만큼 그가 남긴 흔적이 많다는 것을 의미한다. 그런데 그간 최치원에 대한 많은 연구서가 나왔지만, 일반 독자들이 그의 흔적을 이해할 만한 책은 거의 없다. 이 점이 내가 이 책을 쓴 주요 동기였다.

세상에는 역사 인물서가 적지 않다. 그러나 대부분의 역사 인물서는 아주 단조롭다. 나는 역사 인물서도 다른 차원에서 서술해야 한다는 생각을 갖고 있다. 내가 최치원의 흔적을 직접 찾아 나선 것도 다른 차원에서 그를 대면하고 싶었기 때문이다. 그래서 나는 나무를 통해 그를 만났다. 역사에는 나무와 관련한 얘기가 적지 않다. 그렇지만 그간의 역사학자들은 나무와 얽힌 얘기에는 큰 관심을 갖지 않았다. 그러나 나무를 통해 인물과 역사를 보면 새로운 모습을 볼 수 있다. 역사의 현장에 나무가 있었는데도, 그 나무도 생명체였는데도 대부분 관심 밖이었다. 한 그루의 나무에는 수많은 얘기가 숨어 있다. 나무에 숨겨진 얘기자체가 인문학적 상상을 자극한다.

나는 나무에 얽힌 얘기를 통해 온갖 상상을 한다. 그런데 나무와 관련한 얘기는 단순하지 않다. 나무가 역사의 주인공이고, 주인공을 둘러싼 수많은 사람들의 증언이기 때문이다. 그래서 나무로 최치원을 바라보더라도 빠진 얘기들이 아주 많다. 여기서 언급하지 못한 내용은 다음 기회로 미룰 수밖에 없다.

낯선 길은 의지와 용기만으로 만들 수 없을 뿐 아니라 혼자서 만들 수도 없다. 특히 누군가 갈 길을 방해할 경우에는 아주 어렵다. 그래서 낯선 길을 갈 때 누군가의 방해를 받지 않는 것만으로도 큰 행운이다. 이 책을 준비할 수 있었던 것은 계명대학교출판부의 이해 덕분이다. 아울러 한 권의 책은 저자가 아무리 다듬어도 언제나 거칠 수밖에 없다. 출판부 여러분들이 거친 부분을 정성껏 다듬어 주셨다.

2008년 2월

강판권 · 쥐똥나무

| 차 례 |

1 최치원과의 만남

한 존재와 존재간의 진정한 만남은 엄청난 인연과 공덕으로 이루어진다. 최치원은 내가 자신에 관한 책을 집필하리라 상상이나 했겠는가? 나 역시 지금 최치원에 관한 책을 집필하고 있는 게 꿈만 같다. 나는 왜 최치원에 관심을 가졌는가? 내가 한국 고대사 전공자라면, 혹 한국 한문학 전공자라면 모를까, 그런 위치에 있지도 않는 사람이 어찌해서 최치원에 관한 책을 집필할 수 있는지 궁금할 것이다. 나 역시 어쩌다 최치원에 관해 관심을 가졌는지 궁금하다.

아픔과 슬픔은 때론 새로운 인연을 만든다. 그 동안 관심조차 없던 사람도 한바탕 홍역을 치르고 나면 다른 존재와 만날 수 있다. 나도 그랬다. 한바탕 홍역을 치른 뒤에 최치원을 만났다. 그러나 홍역을 치른다고 반드시 새로운 인연이 생기는 것은 아니다. 뭔가에 대한 절실하고 치열한 홍역이라야 만날 수 있다. 나는 박사학위를 받은 후 정말 먹고 사는 문제로 절실하고 치열한 홍역을 치르고 있었다. 오랜 시간강사 생활로 지쳤을 뿐 아니라 앞이 보이지 않았기 때문이다. 그래도 세월이 지나면 앞이 보여야 살만하고, 처자식을 먹여 살릴 수 있어야 목숨 부지하면서 살아갈 수 있지만, 당시는 그렇지 못했다.

박사학위를 받은 후 나의 처지는 학자이면서도 '불임의 존재'였다. 교육자이면서도 제자를 기를 수 없었고, 학자이면서도 배운 바대로 살아갈 수조차 없었기 때문이었다. 물론 시간강사 신분으로 학생을 지도한다고 해서 제자가 없을 리 없다. 그러나 현실은 그렇지 않다. 현실이 그렇지 않다는 것을 경험한 사람만이 안다. 학생들도 시간강사와 현직 교수를 차별할 뿐 아니라 대부분 시간강사를 스승으로 생각하지 않는다. 그러니 나는 당시 임신하고 싶어도 임신할 수 없는 처지에 놓여 있었다. 살아남기 위해서는 이런 상황을 돌파하는 방법을 찾아야 했다. 내가 찾은 방법은 스스로 임신할 수 있는 사람으로 살아가는 것이고, 내가 임신할 수 있는 사람으로 살아가기 위해서는 인류 사회도 임신할 수 있는 터전으로 만드는 것이었다. 나와 인류의 문제가 하나임을 깨달은 것이다. 처음부터 나와 인류는 불가분의 관계였지만, 사실 그걸 철저하게 깨닫지 못하고 살았던 것이다.

내가 거창하게 나의 문제를 인류의 문제로 연결해서 고민한 것은 결코 새삼스럽지 않다. 진작 옛날 사람들도 그런 생각을 하고 있었기 때문이다. 문제는 그런 생각도 중요하지만 구체적으로 실천하는 방법을 찾는 것이다. 구체적인 방법을 마련하지도 않고 그냥 이 세상은 모두 관계로 이루어져 있다고 한다면 이만큼 공허한 얘기도 없고, 구태여 얘기할 필요조차 없다. 내가 자신의 문제를 인류의 문제로 생각하면서 고민한 것이 '생명'이었다. 이 세상의 모든 생명체가 동등한 가치를 지니고 있다는 사실을 깨달으면서 나라는 존재가 어디에 위치하고 있는지도 알았다. 인간이 결코 위대한 존재가 아니라는 사실도 알았다. 그런 다음 이런 생각을 가장 잘 드러낼 수 있는 방법은 무엇일까를 고민했다. 내가 찾은 것이 바로 '나무'였다. 나무를 만나면서, 나무를 나와 같은 생명체로 인식하면서 나무는 나의 '신앙'이었다. 이때부터 모든 것을 나무로 생각하기 시작했다.

나무는 나를 불임의 인간에서 임신할 수 있는 가임의 인간으로 만들었다. 이 세상의 모든 생명체가 또 다른 생명체를 생산할 수 없다면 결국 살아갈 수 없다. 인간이 후손을 남길 수 없다면, 소나무가 후손을 남길 수 없다면 결국 이 땅에 생명체는 존재하지 않는다. 인간이 정말 자신의 후손에 무관심하다면 모를까, 후손을 남길 일말의 마음만이라도 있다면 다른 생명체를 잉태할 수 있어야만 한다. 나무는 내가 후손을 남길 수 없을 만큼 처참한 상황에서, 천 길 낭떠러지로 떨어지는 순간 내게 손을 잡아준 존재이다. 지금까지 나무를 신앙으로 삼고 있는 이유이기도 하다. 최치원도 이처럼 절박한 상황에서 만났다. 내가 죽은 지 천년이 넘은 최치원을 만나야 할 절박한 이유는 무엇일까?

어떤 상황을 설명할 때 관련 이유를 만드는 것은 결코 어렵지 않다. 어떤 경우든 설명할 수 있는 요소가 있기 때문이다. 나 역시 최치원을 만날 특별한 이유를 찾자면 적지 않다. 우선 최치원은 천 년 전에 살았지만 내가 사는 주위에서 쉽게 만날 수 있다. 내가 간혹 찾는 천연기념물 제1호가 위치한 대구시 동구 도동의 경주 최씨 재실에서 최치원을 만날 수 있다. 그러나 이곳은 내가 자주 들리는 곳은 아니다. 내가 자주 최치원을 만날 수 있는 곳은 다름 아닌 경상남도 합천군에 위치한 해인사이다. 지금까지 수 없이 해인사를 찾았지만 거의 갈 때마다 최치원을 만났다. 갈 때마다 최치원을 만나는 것은 최치원을 만나지 않고서는 해인사에 들어갈 수 없기 때문이다. 그러나 해인사 입구 홍류동에서 만날 수 있는 최치원의 흔적이 내가 최치원을 절실하게 생각한 동기는 아니다. 최치원 외에 다른 사람들의 흔적도 주위에서 얼마든지 만날 수 있기 때문이다. 내가 절실하게 최치원을 만날 수 있었던 것은 그가 중국 유학생이었기 때문이기도 하다. 중국사를 전공하는 나로서는 그가 중국에 유학한 사실만으로도 큰 관심이 아닐 수 없다. 중국사를 가르치면서 당나라를 설명할 때 늘 학생들에게 최치원의 존재를 상기시킨다. 그러나 최치원이 중국 유학생일지라도 한국 출생 중 유독 그만이 유학생은 아니다. 그러니 그가 중국 유학생이라는 이유만으로 그를 특별하게 만날 필요는 없다.

내가 최치원을 절실하게 만나야 했던 것은 그가 나무이기 때문이다. 우리나라에는 인간이 죽어서 나무로 태어난 얘기가 간혹 있다. 우리에게 가장 잘 알려진 얘기는 경기도 양평에 위치한 용문사 앞 은행나무이다. 이 은행나무는 신라 마지막 왕인 경순왕의 아들인 마의태자가 금강산으로 가면서 심었다는 나무이다. 이런 식의 얘기는 세상에 소문처럼 많이 떠돌아다닌다. 누가 만들었는지조차 모른다. 제작 불명의 황당한 얘기가 세상에 빠른 속도로 유통되고 있는 것이다. 제작자만이 아니라 제작일도 모르고, 유통과정에서 변질되었는지조차 모르면서 사람들은 다른 사람들에게 신나게 전달한다. 이런 식의 얘기는 불량과는 전혀 관계없이 사람들의 마음에 파고드는 게 특징이다. 더욱이 이 같은 얘기는 불량여부나 불량정도를 검사할 그 어떤 기관도 존재하지 않는다. 그런데 이런 식의 얘기는 불량여부나 불량정도를 검사할 필요조차 없다. 왜냐하면 그 어떤 경우에도 사실을 밝힐 수 없기 때문이다. 그저 전설일 따름이다.

세상에 구름처럼 떠돌아다니는 전설은 나무처럼 강한 생명력을 지닌 게 특징이다. 전설이 강한 생명력을 지니지 않았다면 천 년 전의 얘기가, 아니면 수 천 년 전의 얘기를 알 수 없을 것이다. 최치원이 죽어서 나무가 되었다는 전설도 마찬가지이다. 그런데 왜 하필 나무인가? 다른 것으로 다시 태어날 수도 있을 법한데, 어찌하여 한 그루의 나무로 태어난 얘기가 지금까지 전하는지 궁금하다. 이처럼 최치원이 나무로 태어났다는 사실이 내가 그를 절실하게 만날 수밖에 없었던 진정한 이유이다. 나무에 미친 내가 최치원의 화신인 나무를 그냥 놓칠 리 없다. 나는 한 인간이 나무로 탄생했다는 사실만으로도 엄청난 일이며, 그런 존재는 결코 간단히 다룰 존재가 아니라는 점을 안다. 더욱이 한 인간이 나무로 탄생했다는 얘기는 나에게 무한한 상상력을 준다. 한마디로 나무로 태어난 최치원은 내가 한 눈에 반할 수 있는 매력을 지닌 존재이다. 나와 최치원은 일생일대에 한 번밖에 오지 않는 운명적인 만남이다. 운명의 신은 바로 젓나무이다.

2 젓나무로 태어난 최치원

젓나무의 정체성

좀 나이가 지긋한 분들에게 젓나무는 낯설지 모른다. 젓나무는 최근에 부르는 이름이기 때문이다. 예전엔 젓나무를 전나무라 불렀다. 물론 지금도 어떤 식물도감에는 전나무로 표기하고 있다. 전나무를 젓나무로 부르는 것은 이 나무에서 우윳빛의 액이 나와 붙인 이름이다. 젓나무는 한국 식물학계의 거목 중 한 분인 이창복 선생이 붙인 이름이다. 과거에 젓나무를 전나무로 부른 것은 아마 『훈몽자회(訓蒙字會)』나 『물명고(物名攷)』 등에서 보듯이 젓이 전으로 바뀐 데서 유래할지도 모른다.

최세진의 『훈몽자회』에 따르면 젓나무의 한자이름은 '젓나모 회(檜)'이다. 그러나 우리나라의 옛 문헌에는 젓나무를 흔히 삼(杉)으로 표기하고 있기 때문에 혼란스럽다. 우리나라 옛 문헌에 젓나무의 한자를 회로 사용한 것은 중국에서 젓나무를 송삼(松杉) 혹은 냉삼(冷杉)으로 표기하고 있는 것과 무관하지 않다. 젓나무의 또 다른 한자는 종(樅)이다. 이 한자는 곧게 자라는 젓나무의 모습을 본뜬 글자이다. 중국 허신이 편찬한 『설문해자(說文解字)』에는 젓나무가 잎은 소나무, 몸은 측백나무를 닮은 것으로 풀이하고 있다. 『시경(詩經)·대아(大雅)·영대(靈臺)』에도 회를 언급하고 있다. 『훈몽자회』에서 젓나무를 회로 풀이한 것은 이 나무가 측백나무와 닮아 오해한 것인지도 모른다. 청대의 『식물명실도고장편(植物名實圖考長編)』에는 원백(圓柏)으로 풀이하고 있다. 아울러 우리나라의 대부분 사전에서는 회를 노송나무로 풀이하고 있지만, 노송나무는 측백나무의 일종이다. 러시아의 식물학자 막시모빅즈(Maximowicz, 1827-1891)가 붙인 젓나무의 학명 중 아비에스(*Abies*)는 '젓나무'를 의미하는 라틴이름이다. 홀로필라(*holophylla*)는 '갈라지지 않는 잎'을 뜻한다. 요컨대 중국과 한국의 젓나무에 대한 한자표기는 다르다. 중국에서 측백 계통의 나무인 회가 우리나라에서는 젓나무로 바뀐 것이다. 이러한 예는 측백나무를 의미하는 백(柏)이 우리나라에서 잣나무로 이해하는 것과 같다.

이 같은 의미를 지닌 젓나무는 어떤 모습일까? 어떤 모습이기에 최치원은 나무로 탄생했을까? 한 존재의 모습을 가장 정확하게 파악하는 방법은 직접 보는 것이지만, 이 나무의 부모를 보는 것도 간접으로 이해할 수 있는 방법 중 하나이다. 젓나무는 소나뭇과에 속한다. 소나무는 우리나라 사람들이 가장 좋아하는 나무인지라 젓나무의 부모가 소나무라는 사실만으로도 이 나무의 특징을 어느 정도 짐작할 수 있을 것이다. 물론 유전학상으로 자식은 부모를 닮을 수밖에 없지만, 간혹 돌연변이도 있다. 그래서 젓나무가 소나뭇과에 속한다는 이유만으로 젓나무의 특징을 소나무와 같다고 생각하는 것은 올바른 이해 방식이 아니다. 그런데 젓나무는 많은 부분에서 부모인 소나무를 닮았다. 중국에서 젓나무를 송삼으로 부르는 것만 봐도 소나무와 닮았다는 것을 알 수 있다.

젓나무가 부모인 소나무를 닮았다면 이 나무 역시 늘 푸른 키 큰 나무이다. 한국인이 소나무를 가장 좋아하는 이유 중 하나도 늘 푸르기 때문이다. 한국인은 늘 푸른 소나무에서 높은 기상을 연상한다. 애국가에 남산의 소나무를 노래하고 있는 것도 같은 이유이다. 그러나 인간이 소나무 같은 종류를 상록수로 이해하는 것은 일종의 착시 현상이다. 어떤 상록수든 늘 푸를 수 없기 때문이다. 상록수일지라도 주기적 혹은 특별한 이유로 잎이 떨어질 수 밖에 없다. 단지 상록수는 살아있는 동안 잎이 완전히 떨어지지 않고 새 잎 등으로 푸른 상태를 유지한다. 이 점 때문에 인간은 소나무 같은 나무를 상록수라 부른다. 젓나무도 마찬가지이다. 젓나무를 상록수라 부는 것도 착시현상이지만 이러한 착시 현상은 일종의 '기억의 문화'이다. 사람이 젓나무가 상록수라는 점을 기억하고 있는 한, 젓나무는 주기적으로 잎이 떨어져도 상록수이다. 인간의 눈에는 떨어진 잎은 보이지 않고 달려 있는 잎만 보인다.

젓나무의 특성은 성장의 방법과 밀접하게 관련되어 있다. 사람도 어떤 성장 배경을 지녔는가에 따라 특성이 다르듯이 젓나무의 특성을 이해하려면 이 나무의 성장 방법에 관심을 기울여야 한다. 젓나무의 성장은 아주 더디다. 부모인 소나무를 닮았기 때문이다. 젓나무는 더딘 삶이다. 한국 사람처럼 바쁘게 살아가는 세상에 더딘 삶을 살아가는 젓나무는 좋은 스승이다. 더딘 삶인 나무를 흔히 '고정생장(固定生長)'이라 한다. 고정생장은 글자대로 생장을 일정하게 한다는 뜻이다. 고정생장의 반대말은 '자유생장(自由生長)'이다. 자유생장은 글자대로 생장을 자유롭게 한다는 뜻이다. 젓나무처럼 고정생장나무는 자신의 몸 상태를 헤아려 1년 동안 자랄 것을 미리 정해둔다. 고정생장 나무를 사람에 비유하면 미련스럽게 무턱대고 밥을 많이 먹거나 돈도 없으면서 명품을 사지 않는다. 고정생장나무는 자신의 형편을 잘 고려해서 사는 아주 신중한 존재이다. 이런 점에서 젓나무도 아주 신중한 존재에 속한다. 더욱이 젓나무는 더디게 자라기 때문에 속도 단단한 녀석이다. 이 나무는 재질이 좋아 예부터 건축재, 특히 기둥으로 많이 사용했다. 경남 합천의 해인사 팔만대장경판 보관 건물인 수다라장, 그리고 경남 양산의 통도사와 전남 강진의 무위사 기둥의 일부도 젓나무이다. 그래서 전국의 유명사찰에는 젓나무를 적지 않게 볼 수 있다. 특히 강원도 오대산의 월정사 입구, 변산반도에 위치한 내소사 입구의 젓나무 숲은 일품이다.

젓나무는 매력 덩어리이다. 그런데 이 세상에서 가장 매력적인 존재는 어떤 모습을 갖춰야할까? 사람마다 매력의 기준이 달라서 한마디로 말하긴 어렵지만, 내가 생각하는 매력적인 존재는 상상력을 낳는 자이다. 젓나무는 이 세상에서도 상상력을 자극하는 대표적인 나무이다. 젓나무의 어떤 모습이 상상을 자극하는가? 아마 하늘을 찌를 듯이 키가 크고 곧은 기상일 것이다. 젓나무처럼 키가 크면서도 곧으며, 그리고 늘 푸른 나무는 인간에겐 언제나 경외의 대상이다. 어떤 사람은 이 같은 젓나무를 신과 만날 수 있는 끈이라 상상한다. 비행기가 등장하기 전 인간이 하늘에 오를 수 있는 방법은 없었다. 그래서 인간은 하늘을 나는 새나, '겁도 없이' 하늘로 올라가는 그 무엇을 존경했다. 나무는 인간이 늘 가장 가까운 곳에서 만나면서도 인간이 흉내 낼 수 없는 존재였다. 젓나무는 인간이 닮고 싶지만 결코 쉽게 닮을 수 없는 그런 존재였다.

나무는 신과 접하는 매개이면서도 늘 다산(多産)의 대상이었다. 인간이 나무를 다산의 대상으로 바라보는 것은 번식이 가장 중요한 생존방식이었기 때문이다. 물론 모든 나무를 다산의 대상으로 삼은 건 아니다. 그러나 나무는 인간의 관점에서 본다면 그 어떤 인간도 흉내 낼 수 없을 만큼 강인한 생명력을 지니고 있다. 인간은 이 같은 나무의 특성에서 자신들이 지구에서 살아남을 수 있는 방법을 찾았다. 그래서 인간은 나무를 숭배했다. 때론 대추나무처럼 열매가 많이 열리는 나무를 통해 자신들도 그처럼 많은 자식을 낳을 수 있길 빌었고, 탱자나무처럼 가시 있는 나무를 통해 세상의 악기가 침범하는 것을 막아주길 빌었다. 유럽 대부분의 지역에서 오월제 때 어린 젓나무 가지를 사용한 것도 다산을 위한 의식이었다. 그들은 숲에서 막 베어 마을로 가져온 젓나무에 리본과 꽃으로 장식하고 성대한 행사를 치렀다. 독일과 체코에서는 오월제 전날 청년들이 여자 친구의 침실 창문 앞에 자그마한 오월제 기둥을 세우는 풍속이 있었다.

유럽에서 젓나무를 '크리스마스 트리'로 사용하는 것도 이 나무가 신성한 존재임을 알려주는 증거이다. 젓나무를 '크리스마스 트리'로 사용한 연유는 아래와 같다.

옛날 유럽의 한 숲 속에 나무꾼과 딸이 살고 있었다. 마음씨 착한 소녀는 숲을 몹시 사랑하여 항상 숲속에 나가 요정들과 함께 시간을 보냈고, 날씨가 추워서 나갈 수 없는 날엔 요정들을 위해 젓나무에 작은 촛불을 켜 놓았다. 아버지는 성탄절 이브에 딸에게 좋은 선물을 주기 위해 깊은 숲으로 나무를 하러 들어갔다가 그만 길을 잃었다. 그런데 알 수 없는 불빛이 반복해서 보여 집까지 무사히 다다르게 되었다. 숲 속의 요정들이 친구인 소녀의 아버지를 위해 불빛으로 인도한 것이었다. 그때부터 유럽에서는 귀한 손님이 오실 때에는 집 앞의 젓나무에 촛불을 켜두고 맞이하는 풍속이 생겼으며, 성탄절에도 새로 태어난 아기예수를 영접하는 뜻으로 젓나무에 촛불을 밝히고 아름답게 장식했다.

나무와 얽힌 설화는 인간이 이 존재에 얼마나 기대고 있는지를 단적으로 보여준다. 그러나 이러한 구전 설화는 한 민족의 엄청난 자산이다. 구전문학은 엄청난 상상력을 낳기 때문이다. 그리스·로마신화가 지금까지 각광받고 있는 것은 이 신화가 엄청난 상상력을 낳는 보물이기 때문이다. 인간이 상상력을 갖지 못한다면 곧 죽음이다. 이런 점에서 나무는 무한한 상상력을 제공하는 보물창고인 셈이다. 그래서 나무에 얽힌 그 어떤 얘기도 '증거 불충분'의 이름으로, '증명할 수 없다'는 이름으로 무시하거나 폐기하는 잘못을 저질러서는 안 된다. 우리나라에 존재하는 설화를 비롯한 구전문학도 같은 맥락에서 존중해야 하고, 적극적으로 활용해야만 한다. 크리스마스트리에 얽힌 젓나무를 세상을 밝히는 존재로 인식하고 있는 것은 이 나무가 유럽에서 얼마나 긴요한지를 보여주는 좋은 사례이다. 더욱이 지금까지도 크리스마스를 기념하는 나라에서 이 축제일에 나무를 사용하는 것만 봐도 나무가 인간의 의식 활동에 얼마나 큰 영향을 주는지 짐작할 수 있다.

젓나무가 유럽에서만 상상력을 제공한 것은 아니다. 우리나라의 젓나무도 상상력을 제공한다. 최치원이 바로 젓나무로 태어났다. 최치원이 젓나무로 태어났다는 얘기가 언제부터 우리에게 알려졌는지 모른다. 그러나 이 사실은 그렇게 중요하지 않다. 한 인간이 나무로 태어났다는 것은 특별한 일이 아니다. 문제는 최치원이 젓나무로 태어났다는 얘기의 출처가 아니라 그런 얘기가 생겼는지를 고민하는 일이다. 최치원이 젓나무로 태어났다는 흔적은 경상남도 합천군 치인리에 위치한 합천 해인사 경내이다. 최치원이 젓나무로 태어났다는 얘기만으로도 그가 얼마나 위대한 사람인지 알 수 있다. 물론 위대하다는 것은 다양한 의미를 갖지만, 내가 위대하다는 것은 그의 학문적인 업적이나 정치사적인 의미를 갖고 평가한 것은 아니다. 내가 그를 위대한 인물로 파악한 것은 우리나라 역사 인물 중 나무로 태어난 얘기를 가지고 있는 사람이 아주 드물기 때문이다. 한 인간을 나무로 태어나게 하는 것은 그 만큼 사람들이 그의 부활을 염원했기 때문이다. 어떤 형태든 죽은 자의 부활은 산자의 간절한 염원의 표상이다. 최치원을 젓나무로 탄생시킨 사람은 과연 누구인가? 아마 최치원을 사모하는 사람들일 것이다. 그 사람은 왜 최치원을 다른 존재가 아닌 한 그루의 나무로 부활시켰을까? 많고 많은 나무 중 그를 젓나무로 탄생시켰을까?

봄날, 학사대에서 만난 최치원

나는 어느 봄날, 남쪽에서 들려오는 화신(花信)을 뒤로 한 채 젓나무로 태어난 현장을 찾기 위해 주섬주섬 짐을 챙겼다. 내가 길 떠나면서 챙긴 도구는 고작 카메라와 줄자가 전부이다. 그러나 내가 위대한 나무를 만나기 위해 떠날 때 가장 소중하게 생각하는 것은 카메라와 줄자가 아니라 '마음의 카메라'이다. 내가 가지고 있는 카메라와 줄자로는 이 세상에 존재하는 나무를 모두 담거나 크기를 잴 수 없다. 아니 이 세상에 존재하는 그 어떤 카메라도 이 세상에 존재하는 나무를 완벽하게 담을 수 없고, 이 세상에 존재하는 그 어떤 자도 이 세상에 존재하는 나무를 완벽하게 잴 수 없다. 왜냐하면 겉만 촬영한다고 해서, 겉만 잰다고 해서 나무의 본질을 알 수 없기 때문이다. 그래서 한 그루의 나무를 진정 보려면 반드시 준비할 게 있다. 그건 다름 아닌 나무를 사랑하는 마음이다. 나무를 사랑하는 마음을 가지고 떠나지 않으면 아무리 훌륭한 카메라와 자를 가지고 가더라도 소기의 목적을 달성할 수 없다.

해인사의 봄은 어떤 모습일까? 봄날의 젓나무는 어떤 모습일까? 봄은 결코 짧지 않다. 그러나 해인사 구석구석 뭇 생명체들이 살고 있는 모습을 볼 수 있는 자에게만 해인사의 봄은 짧지 않다. 그렇지 않고 차를 타고 주차장에 가서 누군가에게 쫓기듯 경내로 들어가는 자에게 해인사의 봄은 아주 짧다. 봄 날 해인사에서 볼만한 것은 무엇일까? 절기를 잘 맞춘 사람들은 해인사로 들어가는 입구에서 벚꽃

잔치를 볼 수 있다. 그런데 해인사의 벚꽃을 벗 삼기 위해서는 가야면 소재지의 부음정(孚飮亭)에서 내려야 한다. 만약 부음정에서 내리지 않고 차를 타고 벚꽃을 구경하고, 돌아와 주위 사람들에게 해인사의 벚꽃을 보았노라고 말한다면 참 낯 두꺼운 사람이다. 더욱이 부음정에서 내려 곧장 벚꽃을 보는 사람도 벚꽃의 진면목을 볼 수 있을지언정 해인사의 생태를 제대로 보았다고 하긴 어렵다. 왜냐하면 부음정에 내렸다면 부음정을 봐야하기 때문이다. 왜 부음정을 봐야할까? 부음정은 내암(來庵) 정인홍(鄭仁弘, 1535~1623)이 거의 평생 동안 머물렀던 곳이기 때문이고, 정인홍은 해인사를 지키는 데 큰 공을 세운 사람이기 때문이다. 부음정에서 남명(南冥) 조식(曺植, 1501~1572)의 제자였던 정인홍을 생각하지 않는 것은 해인사의 역사적인 보존 과정을 고려하지 않는 것과 같다.

부음정에서 해인사까지의 거리는 3킬로미터이다. 그냥 걷기엔 좀 먼 거리일 수 있다. 그러나 연인과 함께 한다면 짧은 거리이다. 혹 혼자 부음정에 내린 사람들은 어떻게 할까? 혼자 걷길 좋아하는 사람에겐 3킬로미터가 부담일 수 없다. 그러나 혼자 놀기를 즐기지 않는 사람은 지겨울 수 있다. 아니 혼자 놀 줄 모르는 사람은 부음정에서 내리지 않겠지. 나처럼 나무에 미친 사람은 어떻게 할까? 난 벚나무를 세면서 간다. 걸으면서 벚나무만 세는 게 아니라 벚꽃까지 센다. 이렇게 벚나무와 벚꽃을 세면서 가다보면 벚꽃이 모두 질 때까지 해인사에 도착할 수 없다. 그러나 걱정할 것 없다. 급히 간들 무슨 소용 있겠는가? 벚꽃이 모두 지면 벚꽃이 몇 개인지 알 수 있다. 떨어진 벚꽃은 몇 개일까? 벚꽃을 세는 방법은 많다. 하나하나 세는 방법도 있다. 하나하나 꽃잎을 세다보면 꽃이 왜 떨어졌는지를 안다. 바람이 꽃잎을 모두 가져갈 때까지 기다리는 것도 한 방법이다. 꽃잎이 모두 바람에 안겨 떠나면 셀 꽃잎은 없다. 그러면 완벽하게 꽃잎을 셀 수 있는 것이다. 하나도 남아 있지 않은 벚나무를 바라보면서 터벅터벅 해인사로 길을 떠난다. 아침부터 하루 종일 걸었지만 해인사엔 저녁에서야 도착했다.

해질 녘에 바라보는 해인사는 낮에 보는 것과 다르다. 낮에는 빛 때문에 해인사를 온전히 보기 어렵다. 그러나 어둑하면 사물의 형체가 온전히 모습을 드러낸다. 특히 해인사를 감싸고 있는 가야산의 몸매가 드러난다. 가야산의 다리와 허리와 얼굴이 선명하게 드러난다. 그런데 해인사 일주문 가기 전에 꼭 봐야 할 게 세 가지 있다. 하나는 겨우살이이고, 다른 하나는 다래이고, 나머지 하나는 노각나무이다. 세 그루 모두 일주문에 도착하기 직전에 만날 수 있다. 봄에 겨우살이를 봐야하는 것은 이 때 이 나무의 전라(全裸)를 볼 수 있기 때문이다. 겨우살이과의 겨우살이는 다른 나무에 기생하면서 살기 때문에 붙인 이름이다. 늘 푸른 성질을 가진 이 나무는 여러 나무에서 살지만, 이 나무의 한자 이름인 곡기생(槲寄生)에서 알 수 있듯이 떡갈나무 등 참나무과 나무에 즐겨 산다. 어떤 사람들은 겨우살이를 두고 남의 몸에 기생하는 존재라 비난하지만, 이 세상에 모든 존재가 혼자서 살 수 없다는 엄연한 현실을 인정한다면 굳이 겨우살이의 삶만을 비난하지 않을 것이다. 해인사 일주문 근처에 즐비한 참나뭇과

나무에 기생하면서 살고 있는 모습을 보려면 고개를 하늘로 많이 올려야만 한다. 그들은 사람이 닿을 수 없는 높은 곳에서 산다. 그러나 이곳 주민들은 무슨 방법을 사용했는지 겨우살이를 잘라 길가에서 약으로 판매한다. 겨우 살고 있는 존재도 약으로 쓰이니 대견스럽지만, 인간의 과욕은 하늘을 찌른다.

겨우살이

겨우살이 열매

겨우살이를 보고 일주문 방향으로 천천히 걸어가서 굽어지는 길목에 이르면 타잔이 타고 놀았을 법한 다래를 만날 수 있다. 이곳의 다래는 강화도 전등사의 다래만큼이나 크다. 다래 나뭇과의 다래의 껍질을 만지고 몇 걸음만 옮기면 고목으로 버티고 있는 노각나무를 만난다. 한국 특산의 노각나무는 껍질이 해오라기 다리, 즉 노각(鷺脚)의 무늬를 닮아 붙인 이름이다. 이제 목숨을 다한 노각나무지만 이곳의 노각나무처럼 오랜 삶의 흔적을 찾기란 쉽지 않다.

다래나무

노각나무

나는 조용히 해인사 일주문 앞에 섰다. 내가 곧장 일주문으로 들어가지 않고 선 것은 시간이 넘어서 절 경내로 들어갈 수 없기 때문만이 아니다. 정말 최치원을 만나러 왔다면 일주문 앞에서 곧장 들어갈 수 없다. 이곳에서 한참동안 최치원의 후손을 만난 후에야 그를 만날 수 있기 때문이다. 위대한 인물은 쉽게 만날 수 없는 법이다. 더욱이 그의 후손들이 그냥 들여보내주지도 않는다. 나무에 관심을 갖고 있는 사람들은 내가 일주문 앞에서 멈춘 이유를 알 것이다. 일주문 앞에도 아주 키가 큰 젓나무가 있기 때문이다. 어두운 곳에서 젓나무를 보노라면, 봄 밤 하늘에 빛나는 별이 걸린 젓나무를 보노라면, 그냥 올라가고 싶은 충동을 느낀다. 어린 시절 나무에 올라가서 잤던 것처럼, 매일 하늘로 오르는 연습 때문인지 군살 없는 젓나무의 몸매에 매달려 별을 보면서 자고 싶은 충동을 느낀다. 그러나 나는 일주문 앞의 젓나무에 올라갈 수 없다. 그래서 그냥 젓나무 옆에 누웠다.

아침 일찍 일주문 안으로 들어갔다. 일주문 안에도 몇 그루의 젓나무가 살고 있다. 이곳의 젓나무의 가장 친한 벗은 수 백 년 동안 고목으로 살고 있는 맞은편의 느티나무이다. 죽은 느티나무지만 살아있는 듯하다. 죽은 느티나무에 산자의 희망이 나무의 어깨에 걸려 있다. 이곳 느티나무의 빈자리에는 누군가가 얹어놓은 희망의 돌멩이가 뒹굴고 있다. 나도 그곳에 돌멩이 하나 얹고, 돌이 나무가 될 때까지 기다리다 경내로 들어갔다. 왼쪽 담 옆에 살고 있는 목련은 아직 꽃망울을 머금은 채 다소곳이 이곳을 지나는 객을 맞이한다. 가까이 가서 보니 새벽 이슬에 젖은 꽃망울이 곧 피어오를 것만 같다.

이른 아침의 산사는 슬프다. 인적 없는 산사의 아침이 슬픈 것은 짝 없는 사람들이 외롭기 때문이 아니다. 외로운 것은 얼마든지 참을 수 있다. 그래서 외로움은 슬픔을 낳지 못한다. 인적 없는 산사의 아침이 슬픈 것은 외로움 때문이 아니라 기다리는 사람이 없기 때문이다. 아무도 기다리지 않는 산사는 나를 슬프게 한다. 기다리는 자가 없다면 그리움을 낳을 수 없다. 그리움의 대상이 없다면 희망을 낳을 수 없다. 그리움은 곧 희망이다. 기다리는 자가 없어 슬프지만 슬픔은 사랑을 낳는 법이다. 내가 부음정에서 걸어 산사까지 올 수 있었던 것은 오로지 최치원에 대한 사랑 때문이다.

슬픔을 가득 안고 선생이 계신 학사대(學士臺)에 다가갔다. 나는 아주 오랜만에, 그러나 아주 절실하게 그를 찾았다. 혹 늦잠 많은 선생이 깰까봐 신발을 벗고 고양이처럼 사뿐 사뿐 다가갔다. 예상대로 선생은 아직 주무시고 계셨다. 선생의 주무시는 모습은 참 귀엽다. 눈은 어찌 보면 감은 듯하고, 또 어찌 보면 뜬 것 같기도 하다. 주무시면서도 마치 세상을 관조하는 듯하다. 나는 조용히 선생의 머리맡에 앉았다. 아침 햇살이 빗살무늬처럼 선생의 옆구리를 비쳤다. 그런데 햇살에 비친 선생의 옆구리가 움푹 패여 있었다. 지난번에는 저런 모습을 발견하지 못했다. 내가 지난번에 자세히 보지 못한 탓일까, 아니면 정말 수척해진 것일까. 왜 갑자기 수척해졌을까. 무슨 병이라도 생긴 것일까? 나는 이리저리 선생의 몸을 살피기 시작했다. 그러나 옆구리 외엔 전번과 달라진 것은 없었다. 나는 혹시 선생이 겨울동안 제대로 잡수시지 못해서 그럴지도 모른다는 생각에 뿌리 근처에 가 보았다. 그런데 그곳에도 건강을 해칠만한 구석은 없었다. 그래도 의심스러워 뿌리 근처의 흙을 파 보았다. 그 순간 갑자기 선생이 헛기침을 하면서,

"누구야! 내 몸을 만지는 놈이."

나는 깜짝 놀라

"쥐똥나무입니다."라고 대답했다.

"쥐똥나무가 누구냐"

"선생님의 제자, 쥐똥나무입니다. 저를 기억하지 못하시겠어요. 벌써 노망드신 건 아니겠지요."

"이놈이 어른에게 무슨 말 버릇이야."

"저를 몰라보니 그렇잖아요."

내가 선생에게 버릇없이 얘기한 것은 서로 친구라 생각하기 때문이다. 선생은 벌써 나이 500살이고, 나는 50살 전이니 나이가 무슨 상관있겠는가? 더욱이 나이 들면 누구나 어린애 같으니 친구처럼 지낼 수 있다고 생각한다.

"선생님, 허리가 왜 그렇게 패였어요?"

"지금 무슨 소리하는 거야. 내 허리가 어때서."

"누워 계실 때 보니 허리가 움푹 패여 있었거든요."

"이놈아, 허리가 패인 것은 내가 누워있었기 때문이야. 지금 만져봐라, 이놈아. 개 코도 모르는 놈이 뭘 걱정한다고 헛소리야."

다시 일어나신 선생의 허리를 보니 멀쩡했다. 그 동안 누워있는 모습을 제대로 본 적 없었던 게 실수의 원인이었다. 나처럼 많은 사람들이 나무는 서 있는 줄만 안다. 세상 사람들은 나무는 태어나 죽을 때 까지 한 번도 눕지 않고 사는 줄 안다. 그러나 나는 이른 아침에 500살의 젓나무가 누워서 자는 것을 보았다. 나무가 잔다면, 나무도 누워서 자기도 하겠지. 서 있다고 서서 잔다고만 생각할 필요가 없겠지.

"선생님, 아침 드셔야죠?"

"이놈아, 너나 먹어라. 난 벌써 먹었다."

"아니, 금방 일어났는데 언제 아침을 드셨어요?"

"야! 이놈아. 네같이 둔한 놈의 눈에 어찌 내가 밥 먹는 게 보이겠어."

"선생님, 저도 볼 것 보는 놈입니다."

"한심한 놈, 보긴 뭘 봐. 눈앞에 있는 것도 못 보는 놈이."

"그러면 선생님은 아침을 뭐 드셨어요?"

"난, 이슬을 먹었다."

그렇다. 난 선생의 말씀대로 참 둔한 놈이다. 선생이 이슬을 먹고 수 백 년을 사신 것을 잊고 있었다. 인간이 먹는 것을 먹고서야 어떻게 수 백 년을 살 수 있겠는가. 인간과 사는 방법이 달라야 그렇게 오래 살 수 있겠지.

해는 벌써 선생의 온 몸을 비추고 있었다. 나는 배낭에서 카메라와 자를 꺼냈다. 선생은 실눈으로 내가 꺼낸 카메라와 자를 보시더니,

"그것으로 뭐 하게!"

"선생님을 카메라에 담고, 키가 얼마인지 재 보려고요."

"미친놈, 그렇게 해서 뭐 하게."

"그 동안 얼마나 자랐는지 기록으로 남기려고요."

"기록 좋아하네. 그렇게 해서 어디에 사용하려고 그래."

“특별히 쓸데도 없어요. 그냥 재미삼아 해보는 겁니다.”
“나를 가지고 놀기라도 하겠다는 건가?”
“그래요. 선생을 가지고 놀려고 그래요.”
“지랄하고 자빠질 놈, 마음대로 해. 귀찮아.”

나는 봄날, 서서 카메라로 학사대 젓나무를 수천 통 필름에 담았다. 나는 어느 봄날, 서서 자로 학사대 젓나무의 키를 수천 번 쟀다.

해인사 일주문 내 느티나무

해인사 일주문 전경

해인사 학사대 원경

해인사 학사대 젓나무

여름날, 학사대에서 만난 최치원

해인사의 여름은 봄과는 달리 무척 풍성하다. 나는 지금까지 나무 한 그루를 보기 위해 사계절을 기다렸다. 봄에 만나는 나무가 다르고, 여름에 만나는 나무가 특별하고, 가을에 만나는 나무는 마음을 움직이고, 겨울에 만나는 나무는 나를 성찰케 한다. 혹 어떤 사람이 젓나무처럼 늘 푸른 나무에 무슨 변화가 있기에 봄에 본 것을 다시 보러 가느냐고 묻는다면, 무슨 말을 할까? 오로지 할 수 있는 말은 딱 한번만이라도 사계절 동안 나무를 보라고 일러줄 뿐이다. 그 이상의 말은 아무 의미도 없다. 왜냐하면 한 존재에 대한 이해는 말로 전할 수 없기 때문이다. 마찬가지로 해인사의 진면목을 보려면 사계절 모두 가야한다. 혹 어떤 사람이 해인사의 사계절 중 어느 때가 가장 아름답냐고 묻는다면, 무슨 말을 할까? 오로지 할 수 있는 말은 편견 없이 각 계절을 사랑하라고 말할 뿐이다.

해인사의 여름을 보려면 역시 부음정에서 내려 걸어가야 한다. 만약 봄과 마찬가지로 여름에 해인사까지 걸어가지 않으면 해인사를 말할 수 없다. 왜냐하면 해인사는 일주문부터 시작하는 게 아니라, 가야산 전체를 말하기 때문이다. 한국의 사찰에서 산을 뺀다면 사찰이 아니다. 그러니 해인사가 위치한 가야산 전체가 사찰인 셈이다. 이게 한국 불교 조경의 특징이다. 그런데 굳이 부음정에서 출발하는 것은 이곳에서 해인사의 숲을 만날 수 있기 때문이다.

내가 여름에도 부음정에서 출발하는 데는 특별한 이유가 있다. 부음정 초입에서 만날 수 있는 벚나무는 봄에 잎보다 꽃이 먼저 핀다. 나무가 잎보다 꽃을 먼저 피우는 것은 잎을 진정으로 사랑하기 때문이다. 꽃은 사랑하는 잎을 기다리기 위해 핀다. 그러나 꽃은 잎이 나오기 전에 '꽃비'로 변하면서 자신의 모습을 감춘다. 꽃비는 나무의 영혼이다. 영혼은 잎이 돋기 전 가장 척박한 곳에 내린다. 그토록 보고 싶던 잎을 만나지 않고 떠나는 꽃의 심정이 어떨까? 그 심정은 꽃이 떠난 흔적이 가슴시리도록 붉은 것을 보면 알 수 있다. 나는 종종 꽃이 떨어진 흔적을 꼼짝 않고 바라보다가 눈물을 흘린다. 꽃이 떨어졌는데도 그 흔적은 아름다웠기 때문이다. 흔적마저 아름다운 것은 나무가 치열하게 살았기 때문이다. 꽃과 잎은 진정 사랑하지만 평생 만날 수 없다. 그러나 그 사이에 자식인 버찌가 태어난다. 버찌는 꽃과 잎이 남긴 슬픈 사랑의 흔적이다.

나무에 큰 관심을 갖지 않으면 벚나무 잎을 기억하지 못한다. 벚꽃놀이에만 익숙한 사람들은 벚나무 잎이 어떻게 생겼는지 모른다. 벚나무 잎을 만지면서 자세히 들여다보면 황두 크기의 열매를 발견할 수 있다. 이런 재미를 느끼기 위해서라도 여름에도 해인사는 걸어서 가야한다. 벚나무의 여름 모습을 보면서 길을 걷다보면 어느새 울창한 솔숲을 만난다. 해인사의 솔숲은 이 사찰의 또 하나의 보배다. 길을 걷다가 홍류동 농산정에서 솔숲에 내리는 여름비를 맛보고, 해인사로 올라가는 사람은 행복을 만드는 자이다.

여름 산사에도 봄보다 꽃을 보기가 쉽지 않다. 그러나 한국에서도 사계절동안 꽃을 볼 수 있다. 문제는 식물에 대한 관심이다. 해인사 일주문 근처에서 여름 하늘에 도전하는 꽃을 만날 수 있다. 해인사 일주문 못 미쳐 오른 쪽 편에 성철 스님 부도로 가는 길이 나 있다. 많은 사람들이 그냥 스쳐간다. 간판도 작을 뿐더러 성철 스님의 부도에 대해 큰 관심을 갖지 않기 때문이다. 성철 스님의 부도는 한국의 전통 부도와는 전혀 다르다. 아주 새로운 형태의 부도이다. 여름에 성철 스님 부도가 가면 또 다른 진면목을 만날 수 있다. 나는 성철 스님이 이 나무로 환생했다고 믿는다. 배롱나무 옆 고목에 기생하고 있는 이 나무는 능소화(凌霄花)이다. 능소화과의 능소화는 하늘을 능가할 만큼 높이 올라가는 덩굴성 식물이다. 분홍빛을 띤 꽃이 작열하는 여름 하늘에 걸린 모습은 정말 장관이다. 그래서 이 꽃을 조선시대 양반들이 무척 좋아한 탓에 '양반꽃'이라 부른다. 한국 현대 선승을 대표하는 성철스님의 부도 앞에서 능소화를 보는 즐거움은 선에서 깨닫는 선열(禪悅)과 맞먹는다.

더디게 사는 법을 아는 사람은 성철 스님 부도에서 능소화를 본 후 다시 성철 스님이 오랫동안 수도하신 백련암(白蓮庵)에 들렀다가 해인사로 들어갈 것이다. 성철 스님의 부도를 본 후 다시 백련암에 들려야 하는 이유는 단순히 이곳이 성철 스님의 수도처였기 때문이 아니다. 이곳을 오르다보면 어느 새 깊은 번뇌에서 벗어나 솔바람 같은 청량한 깨달음의 맛을 만끽할 수 있기 때문이다. 산사에 오는 이유는 사람마다 각양각색이다. 그 중 대웅전에 가서 부처님께 기도하는 것만큼 암자에 오르는 과정도 깨달음의 과정이다. 그러니 백련암에 가는 것은 단지 성철 스님이 계신 곳이라서가 아니라 그 길에서 극락을 맛볼 수 있기 때문이다. 그런 자세로 백련암에 가면 암자 앞 큰 바위에 활짝 핀 능소화가 불청객을 맞이한다. 그 꽃은 다름 아닌 열심히 이곳을 찾은 불청객의 환생일 것이다.

다시 상쾌한 마음으로 해인사 일주문에 도착하면 봄에 보았던 젓나무는 인근의 다른 나무들 때문에 돋보이지 않는다. 그래도 한 낮에 일주문으로 들어가면 젓나무를 비롯한 키 큰 나무 덕분에 따가운 햇살은 충분히 피할 수 있다. 여름에 가더라도 봄에 만났던 목련은 그 자리에 있다. 그러나 목련나무과의 목련도 잎만 무성할 뿐 꽃은 없다. 벚나무처럼 목련도 잎보다 꽃이 먼저 핀다. 이곳을 지나는 사람들이 봄에 목련 꽃에는 눈길을 주지만 꽃이 지고나면 눈길 주는 사람은 아주 드물다. 목련의 잎도 맑고 깨끗해서 보는 순간 찌든 정신을 정화할 수 있다.

나는 여름 날 학사대에 가면 우선 나무를 안는다. 나처럼 작은 사람은 학사대 젓나무를 아무리 손을 벌려도 모두 안을 수 없다. 그러나 마음은 그 어떤 나무도 담을 만큼 넓은 법이다. 손을 벌려 나무를 안고, 눈을 감은 채 한 참 동안 그렇게 있으면 최치원의 체취를 가슴으로 느낄 수 있다. 젓나무는 참 따뜻하다. 아니 나무는 언제나 따뜻하다. 뜨거운 가슴으로 나무를 안는 한, 나무는 언제나 포근하다. 눈을 감고 나무를 안고 난 후, 다시 고개를 들고 쳐다보면 학사대의 웅장함과 강인함에 놀란다. 나는 사방을 돌면서 학사대를 안는다. 한쪽에서는 도저히 이 나무의 전부를 볼 수 없기 때문이다. 그런데 사방을 돌면서 나무를 안고 위로 쳐다보면 사방마다 느낌이 다르다. 남쪽에서 바라볼 때와 북쪽에서 바라볼 때의 느낌이 다르고, 동쪽에서 바라볼 때와 서쪽에서 바라볼 때의 느낌이 다르다. 남쪽과 북쪽의 가지 흐름이 다르고, 동쪽과 서쪽의 잎도 다르다. 나무를 꼭 안고 있으면 선생이 움직이시는 것을 느낄 수 있다.

나는 여름날, 젓나무를 안고 카메라로 학사대 젓나무를 수천 통 필름에 담았다.

나는 여름날, 젓나무를 안고 자로 학사대 젓나무의 키를 수천 번 쟀다.

성철스님 부도와 능소화

가을날, 학사대에서 만난 최치원

해인사의 가을은 바다처럼 깊다. 해인사도 여느 사찰처럼 가을에는 형형색색의 나뭇잎이 물들고, 떨어진 잎은 계곡 따라 깊은 바다로 내려간다. 나는 늘 푸른 나무도 좋아하지만 잎 떨어지는 나무도 좋아한다. 나무가 아름다운 이유 중 하나도 잎이 떨어지기 때문이다. 잎이 떨어지지 않으면 새로운 잎을 만들 수 없다. 끊임없이 새로운 모습으로 한 해를 살아가는 잎 떨어지는 나무야말로 가장 현실적이면서도 가장 이상적인 존재이다.

가을에도 해인사를 찾기 위해서는 부음정에서 내려야 한다. 가을에도 부음정에서 내리는 이유는 물든 나뭇잎을 봐야 하기 때문이다. 벚나무의 잎을 본 사람들은 잎이 어떻게 물드는지를 봐야 한다. 벚나무 잎이 붉게 물드는지, 노랗게 물드는 지, 그런 잎이 언제 떨어지는지, 떨어진 잎은 몇 개인지를 알고서야 벚나무를 얘기할 수 있다. 벚나무 잎도 다른 나뭇잎처럼 곱다. 이 세상에 곱지 않은 나뭇잎은 없다. 고운 마음으로 바라보면 이 세상에 존재하는 모든 생명체는 아름답기 때문이다. 계곡을 따라 올라가면 단풍이 물에 젖어 있거나, 때론 계곡에 물이 어느 정도 있을 경우 가벼운 잎은 둥둥 떠내려 온다. 나무에 밝은 사람은 잎만 봐야 무슨 나무인지 알 수 있다. 계곡에 앉아 나뭇잎을 주워 무슨 나무인지 맞춰보는 것도 재미있는 일이다.

벚나무 잎이 물든 모습에 흠뻑 취한 후 잰걸음으로 해인사 쪽으로 가면 계곡은 물론 주위에 울긋불긋 나무들이 자아내는 화려한 그림이 발걸음을 더디게 한다. 만약 아침 일찍 이 길을 걷는 사람은 햇살에 닿은 물든 나뭇잎의 영롱함에 기절할지도 모른다. 소나무로 사이로 들어온 햇살이 키 작은 단풍나무 잎에 닿는 순간, 이 세상의 모든 보석이 빛을 잃을 것이다. 가을날 홍류동 계곡에는 봄에 떨어진 꽃과 가을에 떨어진 단풍잎이 바위틈에 뒤엉켜 있다. 바위에 앉아 꽃과 잎을 분리해서 짝을 맞출 수 있다면 얼마나 행복할까? 한 존재의 흔적으로 한 존재의 실체를 확인하는 순간이기 때문이다.

가을날 일주문에서 젓나무를 바라보면 여름에 비해 훨씬 당당하다. 물든 느티나무 잎 사이로 젓나무의 푸른 기상은 한층 빛난다. 가을엔 느티나무 고목에 돌이 봄보다 늘어난다. 그 동안 많은 사람들이 고목나무에 돌로 희망을 걸었기 때문이다. 그러나 바람에 떨어지는 단풍잎이 고목 가장 자라에 얹힌 돌에 앉으면 간혹 돌이 떨어지곤 한다. 그렇게 가벼운 잎 하나가 어떻게 돌을 떨어뜨릴 수 있을까? 떨어지게 하는 것은 깃털하나만으로도 족하다. 인간이 쌓아올린 희망의 돌도 바람에 날리는 낙엽에 얼마든지 떨어진다. 그만큼 인간이 쌓아올린 욕망의 흔적은 순식간에 사라지는 법이다.

가을날, 학사대의 젓나무는 높은 하늘에 더욱 빛난다. 가을에는 젓나무가 몇 점의 구름이 둥실둥실 떠 있고, 파란 하늘이 보이는 사이에 우뚝 서 있는 모습을 볼 수 있다. 젓나무의 가지 하나가 주위 물든 잎과 만나는 모습도 볼 수 있다. 젓나무는 가을이 와도 잎 떨어지는 나무처럼 잎을 물들이지 않는다. 그러나 한국의 어떤 나무인들 가을을 모를까. 나무도 가을이면 가을의 모습을 띤다. 젓나무가 가을에 어떤 모습인지를 알려면 그저 가을에 그 나무를 보는 것이다. 학사대의 젓나무도 가을을 탄다. 학사대의 젓나무도 가을을 앓는다. 나무는 어떻게 가을을 앓을까? 피부가 까칠까칠할까? 그렇다. 젓나무도 가을엔 겨울을 준비해야만 한다. 추운 겨울을 이길 있는 온갖 장치를 해야만 한다. 잎 떨어지는 나무들이 잎에 수분을 차단하면서 잎을 떨어뜨리는 것도 겨울나기의 한 방법이다. 젓나무인들 무슨 배짱으로 아무 준비 없이 겨울을 날 수 있겠는가? 잎 떨어지는 나무가 겨울을 힘겹게 견뎌야하듯, 늘 푸른 나무도 힘든 건 마찬가지다. 가을에 젓나무가 어떻게 겨울나기를 준비하는지 아는 사람은 나무가 사는 방법을, 인간이 어떻게 살아야 하는지를 아는 자이다. 젓나무에 귀를 대면 겨울나기를 어떻게 하는지 들을 수 있다.

나는 가을날, 동영상으로 학사대 젓나무를 수천 번 찍었다.

나는 가을날, 동영상으로 담은 학사대 젓나무를 수천 번 봤다.

겨울날, 학사대에서 만난 최치원

해인사의 겨울은 그 자체로 선(禪)이다. 겨울 산과 사찰은 여위어서 수도승과 닮았기 때문이다. 나는 겨울 산과 사찰도 아주 좋아한다. 특히 겨울산은 산의 속을 볼 수 있어 좋다. 잎 떨어진 나무 사이로 산의 속을 보노라면 산의 깊이를 알 수 있다. 그런데 겨울 산의 속은 때론 눈이 채운다.

겨울날 찾아가는 해인사도 부음정에서 출발해야 한다. 혹 눈이 내리면 더욱 좋다. 이른 아침 부음정에서 손을 호호 불면서 해인사로 출발하면 벚나무의 겨울 모습을 볼 수 있다. 겨울에 잎 떨어진 벚나무를 알아보는 방법은 껍질을 보고 만지는 것이다. 한평생 한 번도 나무껍질을 만져보지 않고 죽는 사람은 드물지만, 나무껍질을 보고 나무 이름을 아는 사람도 드물다. 봄철 벚꽃만 본 사람들은 겨울에 벚나무를 만나도 알아차리지 못한다. 그 만큼 한 존재의 삶에 무관심하기 때문이다. 나무의 껍질은 그 나무의 중요한 정체성이다. 껍질의 무늬는 한 존재가 살아온 흔적이다. 벚나무의 껍질이 무슨 색인지, 어떤 무늬인지를 잘 살피면 나무의 삶만이 아니라 자신의 삶까지 알 수 있다.

겨울철 해인사의 솔숲은 한층 빛난다. 그러나 해인사의 솔숲은 잎 떨어진 나무들의 처절한 삶이 있었기 때문에 빛날 수 있다. 해인사의 소나무는 잎 떨어지는 나무들이 겨울을 나기 위해 떨어뜨린 잎을 먹고 겨울을 견디기 때문이다. 농산정 주변의 솔숲이 그토록 아름다운 것은 주변 나무들의 희생 때문이다. 그러나 많은 사람들은 소나무의 기상이 그냥 혼자서 만든 것쯤으로 안다. 이 세상 그 누구도 혼자서 위대할 수는 없다. 그 어떤 자도 누군가의 도움 없이는 위대한 존재로 성장할 수 없는 법이다.

해인사에 눈 내린 장면을 직접 보기란 쉽지 않다. 해인사에 눈이 드물어서가 아니다. 혹 눈이 오더라도 차를 타고 오기 어렵고, 그렇다고 눈 내릴 때까지 그곳에 계속 머물 수도 없기 때문이다. 그러나 평소에 공덕을 많이 쌓으면 해인사의 설경을 구경할 수 있다. 겨울철에 해인사에 자주 오다보면 눈을 만날 수 있다. 나는 눈 내린 학사대 젓나무에 도착하면 가정 먼저 큰 절을 올린다. 절은 한번 밖에 하지 않는다. 젓나무가 살아 있기 때문이다. 그러나 절을 하지만 그 어떤 물건도 바치지 않는다. 이곳의 최치원 선생은 다른 음식은 먹지 않고 단지 이슬만 먹기 때문이다. 눈에 무릎 꿇고 절을 하면 마음이 아주 편안하다. 나처럼 나무에게 절을 하는 사람은 거의 없다. 혹 옛날 어른들이 마을의 당산나무에 절을 올리곤 했지만 요즘 사람들은 대부분 나무를 존경의 대상으로 생각하지 않는다. 그러나 나는 자주 나무에게 큰 절을 올린다. 많은 사람들도 학사대의 젓나무의 위용을 본다면 절하고 싶은 충동이 생길지도 모른다. 더욱이 젓나무가 자신에게 큰 복을 준다고 생각하면 많은 사람들이 절을 올릴 것이다. 내가 나무에게 큰 절을 하는 이유도 지금까지 나무가 나에게 큰 복을 주었기 때문이다. 나무가 나에게 무슨 복을 주겠는가? 나무를 보고 있으면 아주 마음이 편안하다. 마음 편한 것만큼 큰 행복도 없을 것이다. 중국 당나라의 선승인 마조도일이 말했듯이 편안한 마음 상태가 곧 도이다. 나무를 보고 편안한 마음을 갖는다면, 어찌 나무에게 절을 하지 않겠는가. 나무를 보는 순간 도를 깨닫는 데 어찌 절을 하지 않겠는가.

나는 눈 내린 학사대 젓나무 옆에 눕는다. 나는 겨울날 학사대의 젓나무를 누워서 본다. 왜 나는 나무를 서서 보지 않고 누워서 볼까? 나무를 누워서 보는 것과 서서 보는 것은 어떤 차이가 있을까? 내가 나무를 누워서 보는 것은 그를 한없이 존중하기 때문이다. 내가 나무를 누워서 우러러 보는 것은 그를 한없이 존경하기 때문이다. 누군가를 존경하거나, 누군가를 정말 존경한다면 자신을 가장 낮춘 자세로 바라보아야만 한다. 특히 남쪽에 사는 사람에게 젓나무에 눈이 내린 장면을 보기란 쉽지 않다. 그렇기 때문에 눈 내린 젓나무를 만나면 누워서 볼 수밖에 없다. 그런 장면을 누워서 보지 않으면 온전히 볼 수 없기 때문이다. 누워서 젓나무를 보면 혹 바람에 떨어지는 눈이 얼굴에 떨어질 때도 있다. 젓나무의 체취가 묻은 눈이 얼굴에 떨어지면 땅에 서 있는 나로서는 도저히 맡을 수 없는 향기를 맡을 수 있다. 누워있다 보면 혹 햇빛에 녹은 눈물이 얼굴에 닿기도 한다. 젓나무의 향기가 묻은 눈물을 맛보면 이 세상 어디에서도 맡을 수 없을 만큼 귀해서 황홀하기까지 하다.

겨울의 학사대 젓나무는 누워서 보기도 하지만 누워서 사진을 찍는다. 누워서 사진을 찍으면 서서 찍는 것과 느낌이 아주 다르다. 누워서 사진을 찍으면 나무의 속을 볼 수 있다. 때론 속을 찍다보면 나무가 부끄러워 어쩔 줄 몰라 하지만, 그래도 서로 아는 사이인지라 금방 본래의 모습을 볼 수 있다. 누운 채로 이리저리 뒹굴면서 사진을 찍다보면 금새 한나절이 간다. 해가 중천에 떠 있을 때는 참 묘하다. 나무의 중앙에 해가 떠 있으면 눈이 부셔 뜰 수가 없다. 마치 젓나무가 하얀 눈에 갇혀 있는 듯하고, 내가 젓나무에 갇힌 듯하다. 그 순간 나는 잠이 든다. 수 백 년 동안 잠을 자다 깨어나도 눈은 녹지 않는다. 눈 내린 젓나무의 장면을 마음으로 본 순간 어떤 경우에도 지워지지 않기 때문이다.

나는 겨울날, 누워서 카메라로 학사대 젓나무를 수천 번 찍었다.
나는 겨울날, 누워서 학사대 젓나무 잎을 모두 헤아렸다.

왜 최치원은 젓나무로 태어났을까?

나는 직접 최치원의 얼굴을 본적 없다. 최치원을 연구하는 이 땅의 모든 사람들도 직접 대면한 적 없다. 그러나 역사상의 모든 인물은 절대다수 직접 대면할 수 없지만, 직접 대면하고서야 한 인물을 아는 것은 결코 아니다. 그가 남긴 작품을 통해, 그가 남긴 글자를 통해 우리는 한 인물을 상상할 수 있다. 물론 상상으로 한 인물의 실체를 알 수 있는 것은 아니다. 그러나 한 인물의 실체도 고정적인 게 아니다. 지금처럼 사진이나 그림으로 직접 촬영하거나 그리지 않는 이상, 그 어떤 역사적인 인물도 정확하게 알 수 없다. 더욱이 당시에 그린 그림일지라도 그린 자의 의도에 따라 실제 모습과 다를 수도 있다. 화가들이 그린 초상화가 반드시 그의 진짜 모습이 아닌 것과 같다. 현재 우리가 볼 수 있는 그의 영정도 조금씩 다르다. 이런 영정도 결국 각종 자료에 근거해서 그의 이미지를 구체화한 것에 지나지 않는다.

최치원을 젓나무로 태어났다는 지금까지 전하고 있는 얘기만으로도 그의 모습을 상상할 수 있다. 사람들이 최치원을 나무에 비유한 것은 특별한 의미가 있다. 인간이 누군가의 부활을 나무에 비유한 것은 '영원성'과 관련 있다. 적어도 대부분의 나무는 인간보다 오래 산다. 실제 그렇건 상상이든 간에 인간이 믿고 있는 것 중 인간보다 오래 살거나 나은 구석이 없다면 구태여 부활시킬 필요가 없다. 그러니 최치원을 나무로 부활시킨 것은 나무의 영원성을 믿기 때문이다. 나무 중에서도 젓나무로 부활시킨 것은 이 나무가 늘 푸르기 때문이다. 인간은 잎에 물들거나 떨어지는 나무보다 그렇지 않는 나무에 영원성을 부여할 수밖에 없다. 잎이 떨어지는 나무는 인생이 어느 시점에서 죽는 것과 같은 느낌을 준다. 그러나 반드시 나무의 '영원성'을 늘 푸른 나무에서만 찾는 것은 아니다. 잘 알려진 우주목(세계수) 중에는 물푸레나무와 참나뭇과 종류처럼 잎이 떨어지는 나무도 있기 때문이다. 그런데 주목과 가문비나무처럼 대개 우주목은 오래 사는 나무이거나 아주 키가 큰 나무가 주류를 이룬다. 현재 세계에서 키가 아주 작거나 오래 살지 않은 나무를 우주목으로 삼는 경우는 발견하기 어렵다.

젓나무는 가문비나무나 히말라야시더처럼 키가 크면서도 아주 오래 사는 나무이다. 젓나무도 우주목의 조건을 갖추고 있는 셈이다. 우리나라 사람들이 최치원을 젓나무에 비유한 것도 이 나무가 갖고 있는 이러한 특징을 충분히 고려했다는 것을 알 수 있다. 더욱이 젓나무를 최치원에 비유한 것은 이 나무가 갖고 있는 기상과도 무관하지 않을 것이다. 젓나무는 곧게 자라는 게 또 하나의 특징이다. 젓나무를 본 사람들은 이 나무가 어떤 자세로 서 있는지 상상할 수 있을 것이다. 곧게 자란 젓나무의 모습은 꼬장꼬장한 선비와 닮았다. 나는 최치원을 꼬장꼬장한 선비의 전형이라 생각하지는 않는다. 그가 정말 선비 같은 기질을 가졌는지 자신 있게 판단할 만한 근거를 갖고 있지 않다. 단지 그를 아주 곧게 자라는 젓나무에 비유한 것은 후세 사람들이 그를 그런 모습으로 상상했을지 모른다. 후세 사람들이 기억하는 이른바 기억의 문화는 최치원의 실체와 반드시 일치하지 않는다. 기억의 문화는 시대와 기억자의 상태에 따라 얼마든지 바뀌기 때문이다.

젓나무의 위풍당당한 모습도 최치원의 부활을 염원한 사람들에게 매력적인 요소이다. 대부분의 나무들이 위풍당당하지만 곧은 젓나무는 그 어떤 나무보다 그런 풍모가 짙다. 누군가에게 위풍당당한 모습을 기대하는 것은 기대자의 염원이 담겨 있기 마련이다. 최치원을 위풍당당한 젓나무에 비유한 것은 그렇지 못한 누군가의 염원일지도 모른다. 그런데 왜 그런 염원을 그에게 기대했을까? 아마 최치원의 입장과 염원자의 입장을 동일시했을 가능성이 높다. 최치원을 부활시킨 것은 그가 살아서 하지 못한 것을 다시 태어나 하길 원했거나, 염원 자가 할 수 없었던 것을 최치원의 몸을 통해 이루길 원했을지도 모른다. 그런데 만약 최치원을 불행한 사람으로 생각해서 그의 부활을 염원했더라도 그가 정말 불행했다는 것은 아니다. 최치원이 스스로 불행하게 생각했는가와 다른 사람이 불행하게 여긴 것과는 별개이다. 중요한 것은 최치원이 아니라 최치원에게 기대하고 있는 사람들의 마음이다.

3 희망 찾기 : 중국으로 떠나는 치원

최치원 탄생과 신라 하대

사주팔자를 믿지 않더라도 한 생명체가 언제, 어디서 태어나느냐는 삶의 향방에 큰 영향을 준다. 세대에 따라 살아가는 상황이 다른 것도, 형제지간의 삶의 방향이 다른 것도, 한 국가의 발전 정도가 다른 것도 시대 배경이 무척 중요하다. 전쟁 시기에 태어난 사람과 평화 시기에 태어난 사람의 '팔자'가 다르고, 부자인 부모에게 태어난 사람과 가난한 부모에게 태어난 자식의 팔자도 다르다. 조선시대 태어난 사람과 일제강점기에 태어난 사람의 팔자도 다르다. 이처럼 최치원의 삶도 혼자서 결정하는 게 아니라 때론 시대가 결정한다. 한 존재의 삶은 시대 밖에 존재하는 것이 아니라 오로지 시대 안에서만 존재한다. 그래서 한 인간의 삶과 죽음은 시대 상황을 통해서 검증해야만 한다. 그러나 시대 상황도 한 존재가 살았던 시대와 한 존재를 바라보는 자의 시대를 엄밀하게 구분할 수 없다. 특히 한 존재를 바라보는 시선은 언제나 바라보는 자의 몫이고, 아무리 충분한 자료로 바라보더라도 완전하게 복원할 수는 없다. 그러니 내가 아무리 최치원을 그 시대 상황에서 바라보려 해도 내 자신이 살고 있는 시대상황과 분리할 수 없다.

최치원은 언제 사람인가? 그는 어디서 태어났을까? 언제 어디서 태어났는가가 결국 한 인간의 삶을 결정할 수 있다. 그 만큼 어린 시절은 한 인간의 삶 전체에 중요한 변수이다. 그는 신라시대 사람이고, 신라의 수도였던 경주 사람이다. 그가 태어난 해는 857년이다. 이 해는 신라 문성왕 19년에 해당한다. 그런데 그가 태어난 이해는 문성왕의 재위 마지막 해이기도 하다. 신라 제 46대 문성왕은 재위 18년 만에 죽었다. 그는 자신의 아버지인 신무왕이 즉위한 지 6개월 만에 죽은 것과 비교하면 훨씬 오랫동안 왕위에 있었지만, 귀족들의 견제와 각종 반란에 시달리다 결국 오래 버티지 못하고 죽었다. 이처럼 최치원이 태어난 해는 곧 그가 태어난 신라를 통치하던 임금이 죽은 해와 일치한다. 태어나는 자가 있으면 죽는 자도 있는 게 세상의 이치지만, 그의 탄생 앞에 최고 통치자가 천수를 다하지 못하고 죽었다면 결코 좋은 시절에 태어난 것은 아니다. 어쩌면 문성왕의 죽음이 최치원의 앞날도 순탄치 않을 것이라는 점을 예고하고 있는지도 모른다.

최치원이 태어나던 시기 신라는 각종 반란과 문성왕의 죽음에서 보듯 정치적으로 아주 불안했다. 이른바 신라 중대의 강한 왕권 시대가 끝나고 잦은 왕위쟁탈전으로 혼란했던 신라하대였다. 문성왕이 죽은 해는 신라라는 국호를 정한 지 354년 만의 일이고, 신라가 고려에 항복하기 78년 전의 일이다. 이처럼 최치원은 신라의 전성기가 아니라 끝자락에 태어난 셈이다. 어느 시대든 왕조의 말기는 혼란하다. 혼란하기 때문에 결국 망할 수밖에 없었다. 대개 이러한 시기에 태어난 사람은 시대 상황에 따라 삶의 방향도 큰 영향을 받는다. 특히 정계에 관심을 둔 사람은 정치 불안 여부가 큰 변수이다. 그러나 정치 불안이 늘 나쁜 것만은 아니다. 어떤 사람에겐 기회일 수 있기 때문이다. 더욱이 정치 불안이 어떤 이유로 불안한지도 매우 중요한 변수이다. 그 이유 여하에 따라 정계 입문자들의 처지가 달라지기 때문이다. 최치원이 태어난 시기도 어떤 이유로 불안했는지가 결국 그의 정치 향배를 결정할 수밖에 없다.

최치원의 삶은 전반적으로 불안한 시기에 태어났다는 점 외에 정치 1번지인 수도 경주에서 태어난 것도 주목해야 할 사항이다. 한 인간의 삶은 태어나는 시기만큼 장소도 중요하기 때문이다. 그러나 그가 태어난 곳이 정확하게 어디인지 아는 사람은 없다. 다만 여러 가지 설만 분분할 뿐이다. 사료에 따르면 그가 태어난 곳에 대해 고려시대 김부식과 일연은 각각 경주 사량부와 본피부 사람으로, 조선시대 서유구(徐有榘)는 옥구(沃溝)로 보았다. 이외에도 조선 정종 시대 어떤 사람은 그를 고군산(古群山) 출신으로, 이능화(李能和, 1869~1945)는 두주(杜州) 등을 주장한다. 그러나 그 어느 주장도 확실한 근거를 갖고 얘기한 게 아니라 대부분 '설'에 불과하다. 지금까지 많은 사람들이 생각하고 있는 최치원의 고향은 경주 어느 곳이다. 최치원은 경주 최씨의 시조이니, 그를 경주인이 아니라 다른 지역 출신이라면 낭패가 아닐 수 없다.

이처럼 최치원의 출신지가 불분명한 것은 우선 현재 최치원 남긴 기록에는 그의 출신지를 찾을 수 없기 때문이다. 그가 스스로 출신지를 밝히지 않은 것인지, 아니면 밝혔는데 현재 기록이 남아 있지 않은 것인지조차 알 수 없다. 그런데 그가 어디 출신인가의 문제는 아주 중요하다. 최치원이 경주 출신일 경우와 그렇지 않을 경우의 차이가 아주 크기 때문이다. 만약 경주가 아니라면 그는 정치 1번지에서 살지 않았다는 것을 의미하고, 경주 출신이라면 정치 1번지에서 살았다는 것을 의미한다. 아울러 경주 출신이라면 어렸지만 수도 경주의 문화를 직접 체험했을 것이고, 다른 곳이라면 수도 경주의 문화를 직접 체험하기 어려웠을 것이다. 어릴 적 문화 경험은 한 인간의 삶에 큰 영향을 준다는 점에서 그의 출신지를 실로 중요하지만, 여전히 오리무중이다. 만약 최치원과 가장 가까운 시기의 김부식과 일연의 기록을 믿는다면 그는 경주 출신이다. 반드시 오랜 사료라 해서 믿을 수 있는 것은 아니지만 우리나라의 사료 중 두 종류의 사료에 대부분 기댈 수밖에 없는 사정을 고려하면 최치원의 출신도 두 사료에 기대는 게 가장 합리적인 판단일 것이다.

출신 배경도 출신지만큼 한 인간의 삶을 결정하는 데 큰 몫을 한다. 최치원은 집안은 어떠했을까? 태어난 곳에 대한 의견도 분분한 것처럼 그의 가계(家系)도 정설이 없다. 그 이유도 최치원이 남긴 글 어디에도 자신의 가계를 분명하게 밝히지 않았기 때문이다. 다만 그가 남긴 작품 중에 자신의 아버지가 헌강왕의 명으로 '견일(肩逸)'이라는 이름을 하사 받았다는 기록만 남아 있다. 이 정보는 매우 유용하다. 한 인간이 왕에게 이름을 하사받는 것은 매우 드물고 귀한 일이기 때문이다. 왕에게 이름을 하사받으려면 뭔가 특별한 업적이 있어야만 한다. 최치원에 따르면 그의 아버지인 최견일이 신라 49대 헌강왕에게 이름을 하사받을 수 있었던 것은 불사(佛事)와 관련해서 공을 인정받았기 때문이다. 불교 사회였던 신라시대의 불사는 매우 중요한 일이었고, 특히 왕과 관련한 불사는 왕 개인의 종교차원이 아니라 왕권과 밀접한 관계를 맺고 있었다. 그러니 최치원의 아버지는 바로 이런 일에 관여한 덕분에 왕에게 이름을 하사받을 수 있었던 것이다. 그러면 최치원의 아버지는 불사와 관련해서 무슨 일을 했을까?

최치원에 따르면 그의 아버지가 헌강왕에게 이름을 하사받을 수 있었던 공로는 발원문(發願文)과 관련 있다. 발원문은 사찰에 시주(施主)가 서원(誓願)을 적은 글을 의미한다. 원문(願文)으로도 불리는 발원문은 불교의 수행에서 가장 먼저 세우는 일이다. 신라시대의 의상이 지은 <백화도량발원문(白花道場發願文)>은 한국 최초의 발원문이다. 이는 그가 670년 당나라에서 귀국한 뒤 동해의 낙산에서 관세음보살의 진신(眞身)을 친견하기 위해 기도할 때 지은 것이다. 따라서 발원문은 매우 중요한 글이다. 이 작업에 최치원의 아버지가 관여했다는 것이다. 그러니 최치원의 아버지 역시 상당한 글 솜씨를 갖추고 있었다. 그렇지 않고서는 이같이 주요한 일에 참여할 수 없었기 때문이다. 그러면 최치원의 아버지는 어떻게 이같이 중대한 일에 참여할 수 있었을까? 단순히 글 솜씨가 좋다고 국가의 중대한 사업에 참여할 수 있는 것은 아니기 때문이다. 국가의 중대사에 중요한 역할을 담당하려면 적어도 왕과 상당히 밀접한 관계가 있어야만 한다. 특히 신라처럼 철저한 신분사회의 경우에는 한 개인의 역량이 아무리 뛰어나다고 쉽게 발탁될 수 없다.

최치원의 아버지가 발원문 작성에 직접 참여할 수 있었던 것은 헌강왕의 아버지인 신라 제48대 왕인 경문왕과의 인연 때문이었다. 최치원에 따르면 최견일은 아버지가 숭복사(崇福寺)의 발원문에 참여했다. 숭복사는 경문왕이 즉위한 후 그 동안 버려두었던 곡사(鵠寺)를 재건해서 붙인 이름이다. 경문왕이 폐사나 다름없었던 곡사를 재건한 것은 꿈에 신라 제38대 원성왕(元聖王)을 보았기 때문이다. 이와 관련해서 실제 경문왕의 꿈에 원성왕이 나타나 곡사와 관련한 언급을 했는지의 여부는 중요하지 않다. 꿈은 언제나 꿈을 꾼 사람만이 알 뿐 그 누구도 알 수 없기 때문이고, 역사상 중요한 일과 관련해서 꿈과 관련한 예가 아주 많기 때문이다. '꿈보다 해몽'이라는 속담처럼 결국 꿈은 해석이 중요하다. 특히 정치사에서 꿈은 단순히 꿈이 아니라 그것조차도 정치행위이기 때문이다. 경문왕이 곡사를 재건하면서 원성왕을 끌어들인 것은 고도의 정치적 의도가 깔려 있었다. 경문왕은 곡사의 재건과 개명(改名)을 통해 원성왕 직계간의 족별의식을 제고코자 했다. 왕이 족별의식을 높인다는 것은 곧 왕권강화를 의미한다. 왕이 자신의 권력을 강화하고자 하는 것은 역으로 왕권이 약하다는 것을 의미하고, 아울러 이 왕권보다 귀족의 힘이 컸다는 방증이다. 경문왕의 이러한 사업에 최치원의 아버지가 관여하고 있는 것은 최견일이 경문왕과 사적으로 밀접한 관계가 있다는 증거이기도 하다.

경문왕의 즉위와 최치원의 운명

경문왕은 최치원의 운명과 맞물려 있는 사람이다. 경문왕은 최치원이 태어난 지 4년 만에 왕위에 올랐고, 최치원이 당나라로 유학을 떠나기까지 왕위에 있었기 때문이다. 그러니 경문왕 시대는 최치원의 앞날에 매우 중요하다. 경문왕은 신라 제48대 왕이다. 혹 경문왕을 모르는 사람이 있을지 모른다. 그러나 그는 한국사에서 그 어떤 역대 왕보다 유명하다. 그가 바로 『삼국유사』에 나오는 당나귀 귀를 가진 임금 이야기, 즉 '여귀(驢耳) 설화'의 주인공이기 때문이다.

경문왕이 왕위에 오른 직후 갑자기 귀가 길어져서 귀가 마치 나귀 귀 같았다. 왕후와 궁인들 모두 이 사실을 몰랐으나, 오직 왕의 두건을 만드는 복두장(幞頭匠)만이 알았다. 그러나 평생 복두장은 이 사실을 아무에게도 말하지 않았다. 그 사람이 죽을 무렵 도림사(道林寺) 대나무 숲에 들어가 "우리 임금의 귀는 나귀 귀와 같다네."고 외쳤다. 그 뒤 바람이 불 때마다 대나무에서 "우리 임금의 귀는 나귀 귀와 같다네."라는 소리가 들렸다. 경문왕은 이 소리가 싫어 곧 대나무를 베어버리고 대신 산수유를 심었다. 그랬더니 바람이 불면 "우리 임금의 귀는 길다네."라고 들렸다.

설화는 무한한 상상력을 자극한다. 여귀설화도 마찬가지다. 경문왕은 왜 왕위에 오르자마나 귀가 커졌을까? 귀는 다른 존재의 소리를 듣는 기관이다. 만약 귀에 소리가 들리지 않는다면 인간은 외부 세계의 소리를 들을 수 없다. 귀가 이처럼 듣는 기관이라면, 경문왕의 귀가 커진 것도 바깥세상의 소리를 많이 들길 바라는 백성들의 바람은 아닐까? 이런 추측은 그가 왕위에 올랐던 이유 중 하나와 밀접한 관계가 있다. 『삼국유사』에 따르면 경문왕은 헌안왕의 사위 자격으로 왕위에 오른 사람이다. 헌안왕이 경문왕을 사위로 맞이한 후 후계자로 삼은 것은 그의 품성 때문이었다. 국선(國仙)이었던 경문왕 응렴(膺廉)은 20살에 헌안왕의 부름으로 궁중의 연회에 참석했다. 연회에서 헌안왕과 응렴이 나눈 대화는 다음과 같다.

"낭(郞)이 국선으로 사방으로 돌아다니며 어떤 재미있는 일을 보았느냐?"

"좋은 일 세 가지를 보았나이다."

"그 이야기를 들어보자."

"높은 자리에 있으면서 낮은 사람들보다 겸손하게 사는 이가 첫째요, 큰 부자이면서 겸손하게 옷을 입는 것이 둘째요, 본디 귀하고 힘이 있으면서 그 위세를 쓰지 않는 이가 셋째이옵니다."

헌안왕은 응렴의 얘기에 감동해서 딸과 왕위까지 물려주었다. 경문왕이 왕위에 오르자마자 그의 귀가 커진 것도 그런 품성을 발휘하라는 백성들의 기대를 반영한 것인지도 모른다. 그러나 그는 커진 귀가 부끄러워 수단과 방법을 가리지 않고 계속 숨겼다. 그렇지 않고서는 황후와 궁인들이 모를 리 없기 때문이다. 급기야 그 사실을 유일하게 알고 있었던 사람은 더 이상 견디지 못한 채 그 사실을 대나무

숲에 가서 알렸다. 그는 하필 도림사 대나무 숲에 갔을까? 그곳이 그 사람이 다른 사람의 이목을 피해 속마음을 얘기할 수 있는 유일한 장소였는지도 모른다. 두건 만든 사람은 왜 죽을 때 그 사실을 알리려고 했을까? 아마 알리지 않고서는 눈을 감을 수 없었기 때문일 것이다. 두건 만드는 사람이 죽을 때 그 사실을 알린 것은 임금에 대한 진실을 누군가에게 알려야 한다는 의무감 때문일 것이다. 그러나 경문왕은 그 동안 두건 만드는 사람에게 그 사실을 알리지 말라고 온갖 협박을 다했을 것이다. 결국 두건 만드는 사람은 경문왕의 위선을 대나무에게 털어놓은 셈이다. 경문왕은 그 사실을 알고 자신의 위선을 다시 숨기기 위해 대나무를 모두 베어버렸다. 대신 그 자리에 산수유를 심었다. 이는 경문왕의 특단의 조치였다. 그러나 산수유 숲에서도 경문왕의 위선은 사라지지 않았다. 그저 '당나귀 귀'에서 '긴 귀'로 바뀌었을 뿐이다.

경문왕은 즉위 후 대사면을 실시했다. 옛날부터 지금까지 대사면은 최고 통치자가 할 수 있는 가장 큰 시혜 정책이다. 대사면 정책의 명분은 언제나 화합과 포용이지만, 최고 통치자의 입장에서 보면 즉위 초기 권력을 안정시키는데 가장 효과적인 방법이다. 최치원과 관련해서 경문왕이 펼친 정책은 국학(國學) 진흥이다. 신문왕 2년(682)에 설치한 통일신라시대의 교육기관인 국학은 신라가 삼국통일 이후 국가 정치제도를 정비·확대함에 따라 지배체제의 효율적인 운영이 필요해진 시점에서 설립되었다. 경문왕이 이러한 목적을 가진 국학 진흥에 힘쓴 것도 이것이 자신의 권력을 강화할 수 있는 방법이었기 때문이다.

권력의 요체는 인사권이다. 왕권도 인사권에서 나올 수밖에 없다. 그러나 신라시대의 왕권은 귀족의 막강한 힘 때문에 제대로 발휘할 수 없었다. 귀족은 늘 자신들의 이익을 보장해줄 때만 왕권을 인정했다. 이런 상황에서 왕이 귀족의 이익에 반하는 정책을 펼친다는 것은 거의 목숨을 내놓지 않고서는 불가능했다. 그러나 왕들도 언제까지 귀족의 눈치만 보고 있을 수는 없었다. 나름대로 방법을 찾지 않으면 왕 노릇을 할 수 없었기 때문이다. 국학의 설치는 왕들의 고육지책(苦肉之策)이었다. 중국 위진남북조 시대의 왕들도 귀족 권력에서 벗어나기 위해, 소위 왕권 강화를 위해 행정실무자인 한문(寒門)을 적극 활용했다. 왕이 국학생을 졸업 후 곧장 관직에 임명한 것도 왕권 강화의 일환이다. 가능하면 자신의 수족을 곳곳에 심어두는 게 상책이다. 특히 국학에는 귀족 바로 밑에 위치한 6두품 자제들이 많이 입학했다. 이들은 9년 동안 『논어』·『효경』을 비롯하여 『예기』·『주역』·『상서』·『모시』·『춘추좌씨전』·『문선』 등을 배웠다. 결코 이 과정은 쉽지 않다. 상당한 재력은 물론 인내력과 학문에 대한 열정 없이는 불가능했다. 이 같은 과정은 귀족의 반발을 잠재울 수 있는 방안이기도 했다. 만약 엄격한 과정을 거치지 않은 자들에게 관직을 줄 경우 귀족들의 의심을 피할 수 없었을 것이다.

경문왕은 열정적으로 일했다. 사위의 자격으로 왕위에 올랐기에 자신의 입지를 마련하기 위해서라도 열심히 국사에 전념하지 않을 수 없었다. 그러나 경문왕 역시 귀족간의 오랜 분쟁을 말끔히 수습할 수 없었다. 경문왕 재위 중반 이후에 반란이 계속 발생했다. 경문왕 즉위한 해인 861년에는 이찬 윤흥(允興)과 숙흥(叔興)·계흥(季興) 등이, 868년에는 이찬 김예(金銳)·김현(金鉉) 등이, 재위 마지막 해 전인 874년에는 근종(近宗) 등이 반란을 꽤했다. 이처럼 경문왕 재위 14년 동안 3차례나 반란이 있었다는 것은 여전히 경문왕의 왕위도 불안했다는 것을 의미한다. 그런데 경문왕 재위 기간은 최치원 부자에게 결단을 요구하는 시기였다. 혼돈은 새로운 희망을 낳는 법이다. 여전히 귀족 세력이 건재하면서도 새로운 분위기가 싹트고 있었던 시기였기 때문이다.

최치원의 아버지는 왜 자식을 조기 유학 보냈는가?

경문왕이 최치원 부자에게 준 한 가닥 희망은 무엇일까? 경문왕이 실시한 국학 진흥 정책은 최치원 부자에게 한 가닥 희망이었다. 그 한 가닥의 희망은 출세였다. 골품제아래서 최치원 부자는 영원히 높은 신분에 올라갈 수 없다. 그러나 이런 상황에서 국학생들의 관직 임명은 이들 부자에게 한 가닥 서광이었다. 불안하긴 하지만 신분이 낮은 사람들이 국가 요직에 임명될 수 있는 거의 유일한 방법이 국학이었던 것이다. 그런데 왜 최치원 아버지는 그를 국학에 입학시키지 않고 유학을 보냈을까?

최치원의 아버지 최견일은 꿈이 큰 사람이었다. 그는 국내사정과 국외 사정도 잘 알고 있는 사람이었다. 그렇지 않고서는 어린 자식을 이역만리에 유학을 보낼 수 없었을 것이기 때문이다. 최견일이 최치원을 국학에 입학시키지 않고 유학을 보낸 것은 국학에 입학 조건이 최소 15세였던 점도 무시할 수 없다. 그는 자식이 15세 될 때까지 도저히 기다릴 수 없었던 것이다. 더욱이 기다린다고 해서 입학한다는 보장도 없다. 그래서 최견일은 집안을 일으킬 수 있는 유일한 방법으로 유학을 선택했다.

예나 지금이나 유학은 결코 쉽지 않다. 유학은 많은 어려움이 뒤따르기 때문이다. 유학에는 많은 준비가 필요하다. 우선 언어 문제를 비롯해서 경제 문제도 결코 만만찮다. 국비 혹은 관비 유학생이면 한결 부담이 적겠지만, 자비일 경우에는 엄청난 부담이 아닐 수 없다. 현재 학계에서는 최치원의 유학을 국비유학설과 사비유학설로 나누어져 있다. 물론 유학 후 자리를 보장받는다면 한결 가벼운 마음으로 떠날 수 있을 것이다. 그렇지 않다면 유학은 일종의 모험이고 도박일 수도 있다. 이런 상황에서 최견일이 자식을 유학 보낸 것은 나름대로 자신감이 있었기 때문일 것이다. 최견일의 자신감은 무엇일까?

부모가 자식을 조기 유학 보내는 이유는 크게 두 가지이다. 하나는 보상 심리이고, 다른 하나는 가문의 영광이다. 최견일은 철저한 신분 사회에서 많은 좌절과 오욕을 맛 볼 수밖에 없었다. 자신의 힘으로는 도저히 할 수 없는 불가항력의 사회를 뼈저리게 경험했다. 그래서 그는 자신이 할 수 없었던 일을 자식에게 기대하고 싶었을 것이다. 아울러 그는 자신이 할 수 없었던 일을 자식을 통해 달성시키는 방법까지 알고 있었다. 그는 정상적인 방법으로는 꽉 막힌 현실을 극복할 수 없다는 것쯤은 잘 알고 있었다. 더욱이 그는 세상이 꽉 막히긴 했지만 조금씩 변하고 있다는 사실도 잘 알고 있었다. 그는 경문왕의 국학진흥이 새로운 세상을 밝히는 통로라는 것을 알고 있었던 것이다. 귀족이 기대고 있는 불교에 의지해서는 가문을 결코 일으킬 수 없다는 것을 잘 알고 있었다. 그가 정말 가문의 장래를 걱정했다면 다른 선택은 거의 없었다.

최견일이 최치원을 유학 보내기로 결정한 또 다른 요인은 유학(儒學)에 대한 지식과 자식에 대한 신뢰였다. 그는 어린 최치원에게 어릴 적부터 유학을 가르쳤다. 물론 최견일이 불교를 반대하면서까지 유학을 가르친 것은 아니다. 그 시대에는 그 누구도 불교에서 벗어날 수 없었기 때문이다. 그러나 최견일은 불교에 전적으로 의지하지 않고 새로운 시대를 이끌 수 있는 이데올로기가 유교라는 점을 잘 알고 있었다. 최견일의 이러한 생각을 확고하게 만든 것은 다름 아닌 최치원의 능력이었다. 최치원이 중국 유학에서 보여준 능력만 보더라도 그가 어릴 적부터 유학에 식견이 있었다는 것을 쉽게 알 수 있다. 최치원의 그러한 능력은 분명 아버지의 영향이다. 아무리 부모가 자식을 유학 보내고 싶어도 그만한 능력이 없다면 불가능하다. 아무리 돈이 많더라도 자식이 공부할 능력을 갖추지 않았다면 부모의 꿈은 이룰 수 없다. 다행히 최치원은 부모의 꿈을 달성시킬만한 조건을 갖추고 있었다. 아버지의 피를 물려받은 최치원은 무엇보다도 글재주를 지니고 있었다. 발원문을 작성한 아버지의 능력으로 보아 분명 최치원도 아버지의 글재주를 타고 태어났을 것이다.

최치원의 유학 장소는 중국이었다. 당시 신라에서 유학 보낼 곳은 달리 없었다. 더욱이 중국은 당시 세계 일류 국가였다. 중국 외에 다른 곳에 유학할 필요도 없었다. 설령 다른 곳에 가더라도 돌아와 쓸모가 없었다. 문제는 유학해서 무슨 공부를 하느냐이다. 최견일은 잘 알고 있었다. 벌써 중국 유학에서 돌아온 사람들이 많았고, 그런 자들이 돌아와 어떤 위치에 있는지도 잘 알고 있었다. 그는 유학이 당시 최첨단 학문이자 가장 효과적인 출세수단임을 잘 알고 있었다. 그에게 유학비는 큰 문제가 아니었다. 당시 최견일의 경제 사정이 어느 정도였는지 알 수 없다. 단지 한 가지 분명한 것은 최견일에게 어떤 방법을 강구하더라도 자식을 유학 보내겠다는 강한 의지가 있었다는 점이다. 강한 의지는 때론 경제적인 한계를 극복할 수 있도록 해준다. 설령 경제력이 없었더라도 자식이 유학 후 돌아와 괜찮은 직장을 얻을 수만 있다면, 부모는 어떤 고생도 마다하지 않을 수 있다. 아마 최견일은 자식 뒷바라지를 위해 어떤 일도 마다하지 않을 정도로 자식에게 모든 것을 걸었던 사람이다. 최견일이 자식에게 얼마나 큰 기대를 했는지는 최치원을 당에 유학 보내면서 "10년 만에 진사(進士)에 급제하지 않으면 내 아들이라 하지 말라. 나 역시 아들을 두었다고 말하지 않으리라"는 말에서 확인할 수 있다. 이 얼마나 대담한 소리인가. 이 얼마나 독한 소리인가. 물론 이 얘기는 오로지 학문에만 전념하라는 뜻이기도 하지만, 자식에게 거는 그의 기대가 실로 엄청 컸다는 것을 말한다.

부모가 자식에게 뭔가를 기대하는 것은 아주 당연하다. 어떤 생명체든 후손에게 큰 기대를 해야 존재할 수 있기 때문이다. 특히 자식이 특별한 재주를 갖고 있다면 부모의 기대는 한층 높다. 그러나 대부분 부모의 큰 기대는 자식에겐 엄청난 부담이다. 그런 부담을 잘 견디는 자식은 큰 효자이지만, 그렇지 못한 자식은 불효자이다. 전통시대에 입신양명(立身揚名)을 가장 큰 효로 생각한 것만 봐도 부모가 자식에게 얼마나 큰 기대를 했는지 알 수 있다. 입신양명을 가장 큰 효로 생각한 것은 그것 외에 다른 가치에 의미를 둘 만한 사회가 아니었기 때문일 것이다. 최견일이 최치원에게 바란 것도 입신양명이었다. 최견일에게는 자식의 입신양명만이 최씨 집안을 일으키고, 영속시킬 수 있는 길이었다. 그러나 자식 일만큼 어려운 것도 없다. 자식에 대한 기대는 클 수밖에 없지만, 큰 기대만큼 슬픔도 큰 법이다. 한 인간이 입신양명하기까지는 엄청난 세월이 필요하고, 그 과정에서 부모는 한없이 기다릴 줄 알아야 한다. 그러나 최견일은 자식의 입신양명을 고대했지만, 자식이 중국 당나라에서 돌아오기도 전에, 자식의 입신양명을 직접 보지도 못한 채 세상을 떠났다.

최견일이 어떤 모습으로 세상을 떠났는지 알 수 없다. 다만 『계원필경(桂苑筆耕)』에서 아버지의 죽음을 간단히 언급하고 있을 뿐이다. 최치원은 당연히 부친의 임종을 지키지 못했다. 그러나 그는 자신의 의지와 전혀 관계없이 불효자였다. 어떤 경우든 자식이 부모의 임종을 지키지 못한 것 자체가 불효이기 때문이다. 최치원의 아버지가 몇 살에 죽었는지조차 모른다. 최치원의 나이로 보아 그다지 많지는 않았을 것이다. 과거에는 지금과 달리 평균 수명이 짧았기 때문에 최견일이 천수를 다했는지 여부는 알 수 없다. 그러나 한 가지 분명한 것은 최견일이 자식을 유학 보낼 정도면 그의 죽음은 예상 밖이라 할 수 있다. 더욱이 최치원의 입장 혹은 최씨 집안의 입장에서 보면, 가장인 최견일의 죽음은 분명 좋지 않은 '변고'였다. 특히 최치원의 귀국 후의 앞날을 생각하면 아버지의 죽음은 가장 든든한 후원자를 잃은 것과 같기 때문이다.

최견일도 죽음 앞에서 앞이 캄캄했을 것이다. 그는 숨이 넘어가기 직전 치원의 이름을 불렀다. 그는 남은 가족들이 지켜보는 가운데 치원의 유학생활이 순탄하길 기원했고, 자식이 돌아와서 처신해야 할 일을 하나하나 일러주었다. 최견일은 숨이 고르지 않은 상태에서도 또박 또박 말을 이어갔다. 가족들은 안타까운 심정으로 모두 최견일의 입을 바라보았다. 그도 흐린 눈으로 가족들의 모습을 응시했다. 잠시 후 그는 급하게 숨을 들이킨 후 조용히 눈을 감았다.

4 유학생활

고국을 떠나는 최치원

치원은 지난 밤 한 숨도 자지 못하고 뜬 눈으로 보냈다. 그는 아주 오랜만에 아버지와 함께 잠을 잤다. 그러나 아버지도 주무시지 못한 채 이러 뒤 척 저리 뒤척이면서 뜬 눈으로 보내는 듯 했다. 치원은 밤새 만리장성 쌓듯이 중국으로 가는 과정과 중국에 도착 한 후 해야 할 일을 상상했다. 아울러 유학 생활을 마치고 돌아온 후 무슨 일을 할 것인지조차 상상하느라 잠을 청하지 못했던 것이다. 그는 새벽에 더 이상 누워 있을 수 없어 일어나서 어제 챙긴 짐을 다시 점검하는데 아버지가,

"치원아, 더 자지 뭐 하는 거야."

치원은 애써 담담하게 말했다.

"푹 잤어요. 아버지는 왜 벌써 깨셨어요? 더 주무세요."

"아니다. 나도 푹 잤다. 이제 일어나야지. 짐을 어제 모두 챙겼는데 뭘 또 필요한 게 있니?"

"아니에요. 그냥 점검해요."

"그래. 그런 자세로 중국 가서도 공부해야 한다. 중국은 신라와 달라. 그곳은 벌써 신라에서 유학한 사람만이 아니라 세계 각지에서

유학 온 사람들도 아주 많아. 너는 그들과 결국 경쟁할 수밖에 없어. 더욱이 너는 아직 어려서 여러 가지 어려움이 있을 거야. 그러나 넌 잘 할 수 있어. 어떤 경우에도 기죽지 말고 최선을 다하면 좋은 결과를 얻을 수 있어."

치원은 늘 듣던 아버지의 얘기였지만, 이날따라 아버지의 말씀이 가슴에 와 닿았다. 그는 조금 떨리는 아버지의 말씀에서 비장함마저 느낄 수 있었다. 부자간에 얘기가 오가고 있는 동안 안채에서도 분산했다. 벌써 모든 식구들이 일어나 치원을 보낼 채비에 바빴다. 모두 한 자리에 앉아 밥을 먹었다. 그 동안 보지 못한 반찬도 몇 개 보였다. 물론 치원을 위해 준비한 것이다. 치원은 부모님의 정성을 생각하여 열심히 밥을 먹었다. 그러나 옆에 계신 부모님은 목이 매여 한 톨의 밥도 넘어가지 않았다. 치원은 애서 부모님의 모습을 무시한 채 후딱 한 그릇을 비웠다.

식사를 마친 모든 식구들이 치원을 배웅하기 위해 대문밖에 모였다. 치원은 일일이 가족들에게 인사한 후 아버지와 친척 두 분과 함께 서서히 발걸음을 옮겼다. 그는 몇 걸음 가다가 다시 뒤를 돌아보았다. 남은 가족들이 여전히 치원을 바라보면서 서 있었다. 가족 모두 눈물을 글썽이면서 치원의 앞날이 평탄하길, 아무 탈 없이 과거시험에 급제해서 돌아와 가족의 기대에 부응하길 기원했다. 치원은 다시 가족을 향해 손을 흔들었다. 옆에 있던 아버지가,

"치원아, 빨리 가야지. 사내자식이 그렇게 마음이 약해서 어떻게 큰일을 할 수 있겠어."

치원도 아버지의 말씀을 듣고 발걸음을 빨리 했다. 그는 가면서 아버지에게 물었다.
"아버지, 지금 어디로 가는 겁니까?"

그는 중국에 간다는 것만 알고 있었을 뿐, 중국에 어떻게 가는지 알지 못했다. 그 동안 고향 경주 외엔 다른 곳을 벗어난 적이 없었다. 그래서 그는 중국을 가려면 어떻게 가는 지 정확하게 몰랐던 것이다. 그저 아버지가 시키는 대로 따를 뿐이었다.

"중국으로 가는 길은 많아. 육지로 갈 수도 있고, 바닷길로 갈 수도 있어. 그런데 우리는 가장 빨리 가는 길을 선택해야 해. 빨리 가려면 육지보다 바닷길로 가야해. 그래서 우리는 지금 전라도 영암으로 가고 있어."

최치원이 중국에 어떤 길로 갔는지에 대해서도 의견이 분분하다. 『삼국사기』에는 해선(海船)을 타고 중국에 갔다는 기록만 보이고, 『택리지』에서는 영암에서 상선(商船)을 타고 중국에 들어갔다는 기록이 보인다. 『삼국사기』와 『택리지』의 내용은 구체적인 경로를 언급하지 않았지만 모두 최치원이 바닷길로 중국에 갔다는 사실을 기록하고 있다. 통일신라시대와 당대에는 양국 간 교류에 바닷길을 많이 이용했다는 점을 감안하거나, 실제상의 거리로 보더라도 최치원이 육지로 갈 이유는 거의 없었다. 따라서 최치원의 중국 유학길은 바닷길이었다. 특히 서해는 중국과 가장 가까운 곳인지라 이곳을 이용하는 것은 당연하다. 그러나 그가 이곳에서 무슨 배를 탔는지는 정확하게 알 수 없다. 신라에서 중국에 건너가 당나라 궁궐을 지친 숙위(宿衛)학생처럼 사신의 인도아래 떠났는지, 아니면 그저 상선을 타고 갔는지 알 수 없다. 그러나 한 가지 분명한 것은 상선이든 관선이든 최치원이 아무 문제없이 이곳을 떠났다는 사실이다.

해질 녘 영암에 도착한 최치원 일행은 어느 주막에 여장을 풀었다. 몇 날 몇 칠을 쉬지 않고 온 탓에 모두 지쳐있었다. 배도 무척 고파 주모에게 국밥을 시켰다. 잠시 후 국밥이 나왔다. 치원은 국밥을 보자 아버지의 눈치도 보지 않고 허겁지겁 숟가락으로 퍼 먹었다. 한참 그렇게 먹고 있는 데 아버지의 숟가락이 치원의 국밥 그릇에 들어왔다. 치원의 아버지는 내일 아침이면 이국 만 리 중국으로 떠나는 자식에게 한 숟가락이라도 더 먹이고 싶었던 것이다. 그제야 치원은 아버지가 국밥을 먹지 않고 자신을 지켜보고 있었다는 것을 알아차렸다. 그 순간 몸 둘 바를 몰랐다. 그런 치원의 마음을 알았는지 아버지는 자식의 손을 잡으면서

"천천히 먹어라, 체 할라. 한창 클 때는 국밥 한 그릇으로는 부족하지."

치원은 아버지의 말씀에 갑자기 속에서 뜨거운 뭔가가 올라왔다. 그러나 아버지 앞에서 눈물을 보일 수는 없었다. 집 떠나기 전날 밤 새도록 그는 많은 생각을 하면서 결코 아버지에게 눈물을 보이지 않겠노라고 다짐했던 것이다. 그는 속으로 눈물을 삼키면서 아버지가 퍼준 국밥을 모두 먹었다. 밥을 먹은 후 치원 일행은 가지고 간 주소를 물어 여인숙을 찾았다. 간신히 여인숙을 찾아 도착하니 그곳엔 다른 일행이 와 있었다. 여인숙에 먼저 도착한 일행은 최치원을 데리고 갈 상선 사람들이었다. 최견일은 치원을 믿고 맡길 만한 사람들을 진작 물색해 두었던 것이다. 일행은 각각 방을 나누어 잠을 청했다. 배는 새벽에 떠나기로 되어 있었다.

치원은 여독 때문인지 아주 곤하게 잠을 잤다. 아버지는 먼저 일어나 치원의 자는 모습을 보았다. 최견일은 말없이 한참동안 자식을 바라보았다. 10년 동안 얼굴을 볼 수 없다는 생각에 가슴이 미어졌다. 그러나 순간 나약해진 자신의 모습을 보고 강하게 마음먹었다. 치원이 몸부림치더니 눈을 비비고 일어나려 했다. 최견일은 치원의 어깨를 누르면서,

"왜 벌써 일어나느냐. 좀 더 자도 돼."

"아니에요. 어제 밤엔 푹 잤어요. 아주 곤했나 봐요. 아버지께서도 잘 주무셨는지요?"

"그래. 나도 너처럼 잘 잤다. 나도 무척 피곤했나보다."

치원은 일어나 간단하게 세수를 했다. 하늘을 쳐다보니 다행히 날씨는 맑았다. 잠시 후 여인숙 주인이 식사 준비가 끝났다는 전갈이 왔다. 일행은 모두 한 자리에 앉아 아침밥을 먹었다. 주인이 넉넉하게 밥을 준비한 탓에 모두 배부르게 먹었다. 치원도 이제 아버지와 고국을 함께 떠난다는 생각에 마음이 무척 무거웠지만, 아버지의 마음을 조금이라도 덜기 위해 밝은 표정을 잃지 않으려 애썼다. 밥을 먹은 후 항구로 떠나기 위해 모두 짐을 챙겨 여인숙 문을 나섰다. 여인숙은 항구였기에 항구까지 금방 도착했다. 이른 봄이었지만 새벽 바닷바람은 여전히 차가왔다. 치원에게 항구는 결코 낯설지 않았다. 바다를 보니 얼마 전까지 가끔 찾아갔던 경주 감포항이 머리를 스쳤다. 벌써 승선 준비가 한창이었다. 많은 장사치들이 짐을 꾸려 배에 오르고 있었다. 치원도 자신을 도와줄 상인과 짐을 챙겨 배에 올라야할 시간이 다가왔다. 이제 아버지와 이별이었다. 치원은 고향 경주에서 항구까지 아버지와 함께 하면서 많은 얘길 나누었다. 12년 동안 아버지와 함께 살았지만 그렇게 많은 얘길 나눈 적 없었다. 이 짧은 기간 동안 치원은 12년 동안 했던 아버지와 못다 한 얘길 다했다. 아니 그는 이 기간 동안 아버지와 평생 동안 할 얘길 다한 셈이다. 길 떠나면서 아버지가 치원에게 했던 얘기는 곧 유언과도 같았다. 그가 『계원필경』의 서문에서 말했듯이, 고국을 떠날 때 아버지가 일러준 얘기는 치원의 평생 철학이었다. 그가 아버지의 말씀을 한 마디도 놓치지 않고 기억할 수 있었던 것도, 그런 기억으로 아버지의 말씀을 평생 삶의 철학으로 삼았던 것도 결국 이 짧은 기간 동안의 아버지 말씀이 유언이었기 때문이다.

배에 오른 치원은 배꼬리에서 아버지를 바라보았다. 축 처진 아버지의 모습을 차마 계속 볼 수 없어 고개를 하늘로 돌렸다. 몇 마리 새가 배 주위를 맴돌고 있었다. 잠시 후 배가 서서히 움직였다. 치원은 다시 고개를 아버지로 돌렸다. 그러나 아버지는 보이지 않았다. 최견일은 자식에게 약한 모습을 보이지 않으려 자식이 고개를 하늘로 돌리자 곧장 항구를 벗어났다. 그는 어제 저녁 묵었던 여인숙에 다시 들러 술을 시켜 실컷 먹고 잠들었다.

중국에 도착한 최치원

최치원 일행이 탄 배가 중국 산동의 등주(登州)에 도착했다. 이곳은 역사적으로 한반도와의 해상 교통로에 위치한 항구였기에 한국인과 한국 선박의 출입이 잦았다. 발해만과 마주하고 있는 등주는 해상을 통해 온 신라 사람들이 당나라 수도 장안으로 가기 위해 처음으로 딛는 중국 땅이다. 여기서 수도 장안까지 가려면 교통수단과 여행객의 건강 상태에 따라 다르지만 최소한 3개월이다. 최치원도 중국에 도착했지만 그가 도착한 목적지인 장안까지 가려면 아직 3개월 뒤의 일이다. 더욱이 어린 나이인지라 낯선 땅에서 3개월 동안 여행한다는 것은 결코 쉬운 일이 아니다. 자칫 잘못하면 건강을 잃어 장안까지 가지 못할 수도 있다.

등주에 도착한 후 장안까지 가는 방법은 크게 두 가지이다. 하나는 오로지 육지로 가는 방법이고, 다른 하나는 육지와 운하를 번갈아가면서 가는 방법이다. 육로로 가는 길은 등주에서 래주(萊州)→청주(靑州)→치주(淄州)→제주(齊州)→운주(鄆州)→활주(滑州)→변주(汴州)→정주(鄭州)→낙양(洛陽)→협주(俠州)→화주(華州) 등이고, 다른 하나는 강회(江淮)의 초주(楚州)→양주(揚州)→명주(明州) 등에 도착한 후 초주에서 운하를 이용해서 변주에 도착한 후 육로를 따라 장안으로 가는 길이다. 두 가지 방법 중 최치원 일행이 어느 쪽으로 갔는지 알 수 없지만, 대개 후자를 택한다. 왜냐하면 육로로만 가는 것보다 운하를 이용하는 것이 편리하고, 시간도 절약할 수 있기 때문이다. 더욱이 사신행이든 상인행이든 간에 가는 도중에 장사하는 것도 중요한 일이었기 때문이다. 운하를 따라 가면 장사하기에 편리하다. 운하 근처는 물산이 집산하는 곳이기 때문이다. 또한 운하는 짐을 나르기도 편리하다. 그러니 최치원 일행은 운하를 이용해서 장안으로 갔을 것이다.

최치원 일행이 장안으로 가면서 운하를 이용할 수 있었던 것은 수당제국의 운하 건설 덕분이다. 태어나 처음 접한 중국의 운하에 대해 최치원은 어떤 생각을 가졌을까 궁금하다. 그런데 이 때 처음 접한 중국의 운하는 최치원의 삶에 적지 않은 영향을 주었다. 그는 처음 중국 땅을 밟아 장안으로 가면서 본 운하 지역이 뒷날 자신이 근무할 장소일줄 몰랐을 것이다. 뒷날 그가 모신 고변(高騈)이 운하 지역을 다스리고 있었기 때문이다.

운하는 당나라 경제의 대동맥이다. 운하는 당나라 경제에만 중요한 게 아니다. 최치원을 이해하는 데도 매우 중요한 동맥이다. 그래서 이 동맥에 '경화'가 일어나면 당나라는 견딜 수 없다. 고구려가 망한 것도 운하 때문이다. 만약 수당시대에 운하가 없었다면 고구려는 그렇게 일찍 망하지 않았다. 운하 없는 수당국가를 생각할 수 없고, 운하 없는 동아시아 국제질서를 논할 수 없다. 최치원도 운하의 중심에 있었다. 운하를 누가 장악하느냐에 따라 당시 중국 정권의 향배가 달려 있었다. 운하는 남북을 잇는 동맥이다. 그래서 동맥만 장악하면 남북을 통제할 수 있다. 최치원은 이러한 동맥의 중심에 있었다.

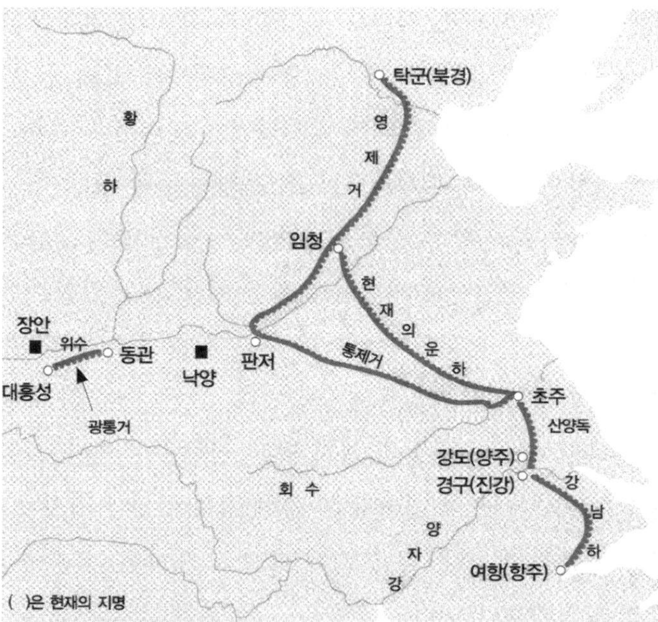

수대운하

중국의 운하는 수문제때 본격 정비했다. 수문제가 운하를 건설한 것은 장안 남동쪽의 대흥성(大興城)이 위수의 모래로 배가 다닐 수 없었기 때문이다. 584년 수문제는 이 문제를 해결하기 위해 대흥성에서 황하에 이르는 운하를 파고 광통거(廣通渠)라 불렀다. 587년에는 회수와 양자강을 잇는 산양독(山陽瀆)을 개수했다. 이는 남조를 정벌하기 위해서였다. 수문제를 이은 수양제는 즉위 다음해에 낙양의 동쪽 교외와 황하를 이었다. 아울러 황하에서 판저를 거쳐 회수에 이르는 통제거를 개착하고, 산양독의 폭을 넓혀 장안에서 양자강에 이르는 운하를 개통했다. 608년에는 황하 동북 변에 위치한 탁군(지금의 북경)에 이르는 영제거(永濟渠)르 건설했다. 이게 바로 고구려 정벌을 위한 것이었다. 610년에는 경구(京口)에서 여항(餘杭, 지금의 항주)에 이르는 강남하(江南河)를 개수했다. 이로써 서쪽으로는 장안, 북쪽으로는 북경, 남쪽으로는 항주에 이르는 대운하가 마무리되었다. 대운하의 폭은 30-40미터이고, 길이는 총 2500킬로미터(4000리)이다. 서울에서 부산까지 거리에 5배에 해당한다. 최치원은 수나라 때 완성된 운하를 모두 본 것은 아니지만 중요한 곳곳을 직접 목격하는 행운을 얻었다.

등주에 도착한 후 장안까지 가는 동안 최치원은 상상컨대 상당한 충격을 받았을 것이다. 최치원이 받았을 충격은 과연 무엇일까? 그것은 다름 아닌 규모에 대한 충격일 것이다. 자신의 고국인 한반도 전체를 직접 밟아보지 못한 그가 3개월에 걸쳐 수도 장안에 도착하는 과정은 실로 엄청난 충격이 아닐 수 없다. 게다가 가는 곳마다 경주에서는 상상할 수조차 없는 건물과 인구조차도 12살의 최치원에겐 감당할 수 없는 충격이었을 것이다. 지금도 중국인들이 죽을 때까지 할 수 없는 세 가지가 있다고 한다. 하나는 태어나 죽을 때까지 중국 전역을 밟지 못하고 죽는 것, 다른 하나는 중국의 인구가 몇 명인지 모르고 죽는 것, 마지막으로 중국에서 생산되는 음식을 다 먹지 못하고 죽는 것이다. 그는 과연 무엇을 보았을까? 그가 장안으로 가면서 본 것은 장래 그에게 어떤 영향을 주었을까?

당나라 수도 장안에 도착한 최치원

당나라 수도 장안(長安)은 유구한 역사를 자랑한다. 지금 서안으로 불리는 장안은 한나라 고조 5년 즉 기원전 202년에 설치한 현이었다. 오대시대 양나라에서 잠시 대안(大安)이라 고쳤지만, 당나라 때 다시 장안으로 고쳤다. 그러나 명대부터 서안으로 불리면서 지금까지 명칭을 사용하고 있다. 중국 7대 고도 중 하나인 장안은 서한(西漢), 왕망의 신(新), 동한(東漢), 서진(西晉), 전조(前趙), 전진(前秦), 후진(後秦), 서위(西魏), 북주(北周), 수, 당의 수도였다. 역대 왕조 중 가장 많은 왕조가 이곳을 수도로 삼았다. 그러니 장안은 중국사에서도 가장 오랜 역사를 지닌 수도이고, 사실상 중국 고대문명의 발상지이기도 하다. 장안이 위치한 위수(渭水) 평원은 중국 고대 문명의 젖줄인 셈이다.

최치원도 아직 어렸지만 한반도에서는 가장 번화한 신라의 수도 경주 사람이었다. 그러니 신라의 다른 지역 사람의 또래와 비교하면 주눅은커녕 선망의 대상이었다. 어린 시절 누구나 수도 서울에 가보고 싶다. 그러나 누구나 갈 수 없는 곳이 수도 서울이었다. 고대사회에서 각 지역 사람들이 무슨 일로 수도 경주에 온단 말인가? 그저 수도 서울 경주를 상상만 하고 죽는 사람이 절대다수이다. 그러나 최치원은 적어도 그런 아쉬움은 없이 자랐다. 나름대로 경주인이라는 자부심을 갖고 있었을지도 모른다. 그래서 중국 당나라 수도 장안인들 경주와 크게 다를 바 없다는 생각으로 출발했을지도 모른다. 과연 최치원이 처음 만난 당시의 장안은 어떤 모습이었을까?

우리가 익히 알고 있는 '장안의 화제'는 중국의 고도인 장안에서 일어난 큰 얘깃거리를 말한다. 그 만큼 장안은 중국은 물론 한국인에게도 오랜 세월동안 유명한 지역으로 기억되고 있다. 과연 장안이 어떤 도시이기에 지금까지도 속담이 전하는가? 당나라 시대의 장안은 한마디로 세계에서 가장 번화한 '국제도시'였다. 최치원이 어린 나이게 당시로서는 상상할 수 없는 거리인데도 장안에 유학 온 것만으로도 장안이 얼마나 위대한 도시인지 짐작할 수 있다. 당시 장안에는 최치원처럼 신라에서 온 유학생만이 아니라 돌궐, 거란, 위구르 등 각 지역에서 각양각색의 사람들이 다양한 이유로 들어와 살고 있었다. 장안은 '블랙홀'처럼 세계의 모든 사람들을 빨아들였다. 이곳은 좀 과장해서 표현하면 세계문명의 알파요 오메가였다. 장안에서 탄생한 예술, 문학, 제도 등은 세계 각국으로 전파되어 나름대로 꽃을 피웠다.

집은 인간의 정신이 숨어 있다. 집을 보면 그 사람의 성향을 알 수 있다. 한 국가의 도시도 마찬가지다. 특히 계획도시는 분명한 의도를 갖고 만든다. 따라서 중국의 수도는 중국인의 세계관이 숨어 있다. 장안도 마찬가지다. 당나라의 장안은 6세기 말 중국을 통일한 수의 대흥성(大興城)을 계승한 것이다. 장안은 변방 민족의 침략을 막으려는 목적과 통일국가의 중심이라는 상징적 기능을 동시에 갖고 있다. 당나라 장안은 동서 9.7킬로미터, 남북 8.7킬로미터의 정방향에 가까운 도시이다. 방위는 동서남북에 일치하고, 성문도 각각 세 개씩 12개이다. 이러한 장안은 중국 도성의 기본을 제공한 『주례(周禮)·고공기(考工記)』에 충실했다는 것을 의미한다. 그러나 왕궁은 『고공기』의 예를 따르지 않고 북쪽으로 옮겨 도시의 평면에 깊이를 더했다. 격자형의 방(坊)은 남북의 축을 이루는 간선도로를 중심으로 남북 가로 11개, 동서 가로 14개였다. 시장은 동서로 나누어 설치되었다. 궁성의 서북에는 황제의 정원, 즉 금원(禁苑)이 있었으며, 도시의 동남쪽 모서리에 공원을 설치했다. 그러나 이 과정에서 기존의 촌락들은 모두 철거되었다. 이 당시 당나라 정부가 철거민들에게 어떻게 보상했는지 알 수 없지만, 현재 철거민들의 아픔을 생각하면 그 당시에도 큰 차이는 없을 것이다.

당나라 장안의 핵심은 누가 뭐래도 황제의 어좌(御座), 즉 궁성의 위치이다. 궁성은 태극궁(太極宮)이라 불렀으며, 도성 중앙의 북단에 위치했다. 도성 중앙의 북단에 위치한 것은 북단에 북극성이 위치하고, 북극성이 모든 별의 중심이듯이 황제도 그런 위치에 있다는 것을 드러내기 위함이다. 이곳에 태극전(太極殿), 양의전(兩儀殿) 등 황제의 전각(殿閣)이 배치되었다. 동쪽에는 황태자를 위한 동궁(東宮)이, 서쪽에는 후궁이 거처하는 액정궁(掖庭宮)과 창고인 태창(太倉)이 각각 배치되었다. 궁성의 남쪽에는 황성(皇城)을 배치했다. 이곳에는 관청이 있었다. 동남쪽 모서리에는 토지신을 모시는 사직(社稷)이 있었다. 황성의 입구인 주작문(朱雀門)에서 성 남쪽 중앙에 자리한 명덕문(明德門) 사이에는 간선도로인 주작문가(朱雀門街)가 조성되었다. 이 길은 폭이 150미터였다. 이처럼 장안은 완벽한 좌우대칭과 강한 중앙축을 지니는 기하학적 구성으로 이루어졌다.

당나라 장안의 도시계획에는 만든 자들의 철학과 사상이 담겨 있다. 궁성이 도성의 북쪽에 자리 잡은 것은 중국인의 "남면위왕(南面爲王)" 사상에 기초한 것이다. 이는 황제가 북쪽에 위치하여 얼굴을 남쪽으로 향한다는 뜻이다. 이러한 사상은 우리나라도 예외가 아니었다. 이는 도성을 설계할 때 천상계(天上界)와 지상계(地上界)를 밀접하게 관련시킨다는 뜻을 담고 있다. 좀 더 구체적으로 말하면, 천상계의 상제(上帝)가 살고 있는 자미원(紫薇垣), 즉 북극성의 위치에 따라 지상의 북쪽에 궁실을 마련하고 옥좌가 남쪽으로 향하게 하는 것이다. 그러나 이러한 배치는 북쪽이 비어 있는 형국인지라 외부에서 침략을 받을 경우 감당하기 어렵다. 따라서 이러한 문제를 해결하기 위해 도입한 것이 풍수사상이다. 북쪽의 비어 있는 부분을 산으로 막는 것이다. 이게 도성을 설계할 때 주산(主山)과 좌산(坐山)에 두는 이유이다. 아울러 궁성의 남쪽에는 안산(案山)과 멀리 조산(朝山)을 설정한다. 이는 군주에게 예를 표시하는 군신과 백성의 형상을 갖춘 것이다. 조선시대의 한양, 일본의 헤이조쿄(平城京, 지금의 奈良), 헤이안쿄(平安京, 지금의 京都)도 이러한 원리로 도성을 만들었다.

거대한 도시에 맞게 장안에는 양측에 동시(東市)와 서시(西市) 등 두 개의 시장이 있었다. 시장의 크기는 한 변이 1킬로미터 정도였다. 한나라 때는 이곳을 괴시(槐市)라 불렀다. 이 거리에 회화나무가 있었기 때문이다. 그러나 장안의 시장은 요즘처럼 상인들 마음대로 운영할 수 없었다. 장안에는 시장을 운영하는 시제(市制)가 있었다. 시장의 영업은 정오부터 해지기 직전까지였으며, 거래 상품도 업종별로 모여 있었다. 두 개의 시장 중 동시에는 귀족과 관료를 위한 각종 상점들이 있었으며, 서시에는 외국상인의 점포가 몰려있었다. 최치원과 함께 간 상인들도 바로 서시에서 물건을 거래했을 것이다. 그런데 어떤 경우든 규칙대로만 이루어지는 것은 아니다. 영업도 단속이 느슨하면 밤에도 이루어졌다. 특히 동시보다 서시가 훨씬 활발했다.

장안은 기본적으로 귀족과 관료 등 지배자를 위한 것이었기 때문에 폐쇄적이었다. 5미터 이상의 높은 장안성만으로도 이곳이 얼마나 폐쇄적인 도시였는지 알 수 있다. 거주민은 방제(坊制)에 따라 정해진 곳에서만 살 수 있었다. 방은 벽으로 둘렀으며, 문으로 출입을 통제했다. 귀족들의 거주지는 서민들의 거주지와 분리되어 있었다. 주작문가를 중심으로 동쪽은 만년현(萬年縣), 서쪽은 장안현(長安縣)이었다. 당연히 동쪽이 방위 상 상위 개념이기 때문에 만년현에 귀족과 관료들의 집이 있었고, 장안현에는 서민과 상인들의 집이 있었다. 장안현이 장안에서 가장 많은 인구가 살았던 곳이다.

장안에는 중국 사람만 살았던 게 아니다. 장안에는 국제도시답게 다양한 국가에서 들어온 사람들이 살고 있었다. 그런데 각국에서 장안에 들어온 사람들 중에는 요즘의 여권처럼 합법적으로 들어온 사람도 있었지만, 불법체류자도 적지 않았다. 장안에 불법체류자가 많았다는 것은 그만큼 이곳이 살만한 곳이었다는 것을 의미한다. 미국이나 한국 등지에 불법체류자들이 많은 것과 같은 이치이다. 불법체류자들은 나름대로 한 가닥 희망을 장안에서 발견하고자 했던 사람들이다. 그러나 불법체류자들은 언제나 불안한 상태에서 지낼 수밖에 없다. 언제 발각될지 모르기 때문이다. 그런데 당 왕조는 불법체류자들에게 대체로 관대했다. 당 왕조가 이들에게 관대한 것은 그렇게 하더라도 왕조의 안위에 위험을 주지 않고, 오히려 당 왕조의 경제에 도움을 줄 수 있다는 자신감 때문이었다. 최치원이 장안에 올 수 있었던 것도 바로 당나라의 이러한 정책 때문이었다.

당나라 장안의 도시를 언급하면서 꼭 짚고 넘어가야할 것은 가로수이다. 장안에는 남북 11개, 동서 14개의 도로가 있었다. 이 도로에는 요즘처럼 가로수를 심었다. 과연 당나라 장안에는 어떤 나무를 심었을까? 장안의 가로수가 어떤 수종인가에 따라 장안의 분위기도 전혀 다를 수 있다. 나처럼 아주 더운 지역에 살고 있는 사람만이 아니라 도시에 살고 있는 사람은 가로수가 얼마나 소중한지 잘 안다. 중국도 여러 가지 이유로 고대부터 가로수를 심었다. 최치원은 장안까지 가면서 중국의 가로수를 보았을까? 중국의 가로수가 무슨 종인지 알았을까? 그가 나무에 어느 정도 관심을 가졌는지 알 수 없지만,

고국에 돌아온 후 숲을 조성한 것을 보면 어렸을 적부터 어느 정도 관심을 가지고 있었을지도 모른다.

나무에 조금이라도 관심을 가지고 있으면 현재 중국에서 어떤 나무를 가로수로 심는지 확인할 수 있다. 북쪽에서 흔히 만날 수 있는 가로수는 회화나무이다. 현재 중국에서 가로수로 즐겨 심고 있는 회화나무는 당나라 장안에서도 흔히 볼 수 있던 나무였다. 그러니 현재 중국의 회회나무 가로수는 역사와 전통을 계승하고 있는 셈이다. 회화나무(槐)는 중국 고대의 공공기관과 아문(衙門), 그리고 전정(殿庭)에 흔히 심었던 나무였다. 특히 한나라 궁중에는 수많은 회화나무를 심었다. 그래서 회화나무를 「옥수(玉樹)」라 불렀으며, 황제가 거처하는 곳을 '괴신(槐宸)으로, 장안 거리를 '괴로(槐路)'라 불렀다. 더욱이 장안의 아홉 개의 큰 시장이름 중에는 괴시(槐市)라는 이름을 가진 시장도 있을 정도였다. 이곳에서는 각지에서 올라온 사람들을 위해 서적, 악기 등의 물건을 판매했다. 회화나무 그늘에서 물건을 사고파는 사람들의 장면을 한번 상상해보라.

회화나무는 금나라 시기까지 주요한 가로수였다. 천년 이상 중국인들이 회화나무를 가로수로 삼은 것은 무슨 이유일까. 중국인들이 회화나무를 가로수로 삼은 것은 공해에 강하다거나 수형이 아름답다거나, 아니면 더위를 식힐 수 있는 장점을 가졌다거나 하는 이유 때문이 아니다. 그들이 오랜 기간 동안 회화나무를 선호한 것은 이 나무가 갖고 있는 특성 때문이다. 콩과에 속하는 회회나무의 열매는 약으로, 꽃은 염료로, 잎은 떡을 만들 때 사용한다.

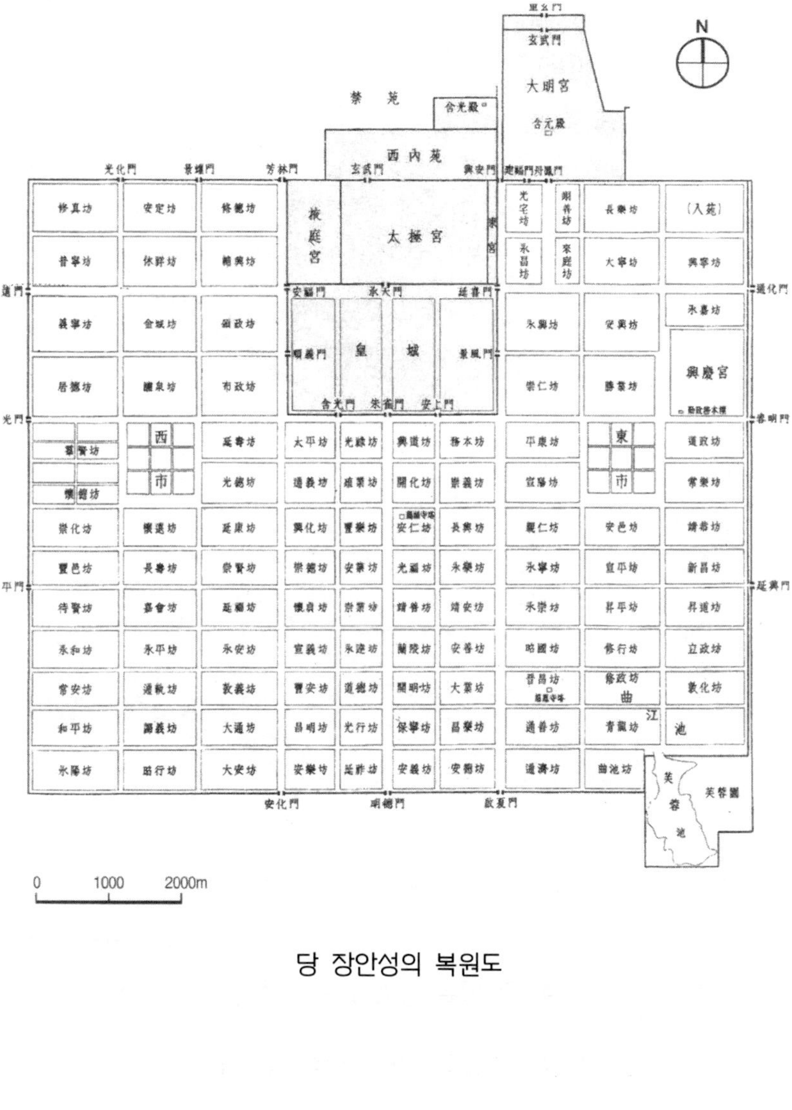

당 장안성의 복원도

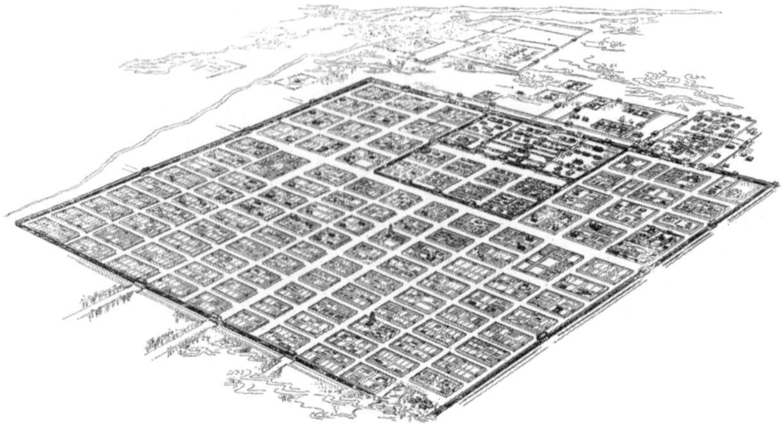

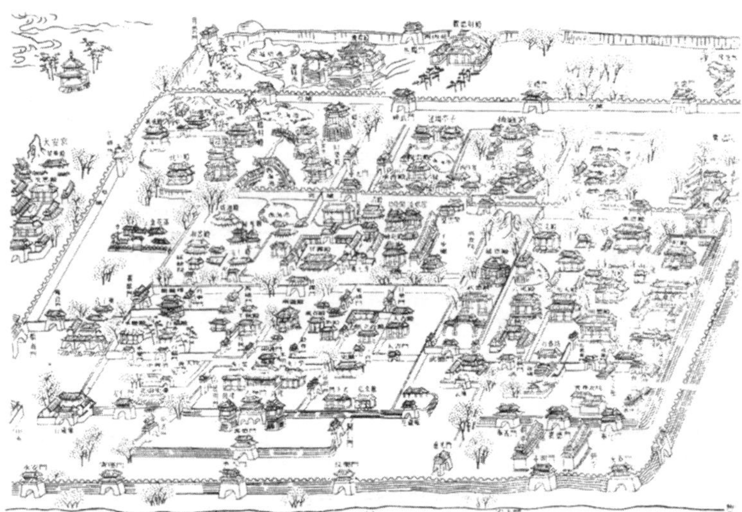

당 장안성의 조감도 / 당 장안성 황성의 삽도

세계 최대의 국제도시였던 장안에는 당시 인구는 몇 명이었을까? 역대 중국의 인구 통계는 어느 왕조든 정확하지 않다. 지금도 마찬가지지만 전국의 인구 통계를 작성하는 일은 아주 어려웠다. 조사방법은 물론 인력에 이르기까지 엄청난 시간과 비용이 필요한 게 인구조사였다. 그러나 각 왕조마다 인구 조사에 큰 관심을 갖고 있었다. 왜냐하면 인구조사는 국가 경영에 가장 중요한 세금징수의 기초자료였기 때문이다. 그래서 각 왕조는 어떤 방법으로든 인구를 조사했다. 국가권력이 강하거나 제도가 잘 갖추어진 왕조에서는 인구조사도 상대적으로 정확했지만, 그렇지 못한 왕조의 인구조사는 신뢰하기 어려웠다. 당나라 장안의 인구도 마찬가지로 정확하게 파악할 수 없는 한계를 갖고 있다. 그래서 많은 학자들이 언급하고 있는 당나라 장안의 인구는 모두 추산이다. 많은 사람들이 당나라 장안의 인구를 100만 명으로 추산한다. 그런데 당나라 장안일지라도 장안을 어느 범위로 할 것인가에 따라서 숫자도 다를 수밖에 없다.

최치원은 대략 100만 명이 살고 있는 장안에 도착한 것이다. 그는 장안의 많은 인구를 보고 어떤 표정을 지었을까? 과연 그는 장안의 인구에 충격을 받았을까? 최치원이 장안의 인구 규모에 놀랐는가의 여부는 경주의 인구가 어느 정도였는가에 달려 있을지도 모른다. 왜냐하면 경주의 인구가 장안에 비해 아주 적었다면 분명 상당한 충격을 받았을 것이고, 경주의 인구도 장안 만큼이라면 그다지 놀라지 않았을 것이기 때문이다. 신라의 수도 경주 인구가 얼마인지에 대해서도 중국처럼 학자들 간 의견이 분분하다. 어떤 학자는 경주의 인구도 장안처럼 거의 100만 명으로 추산한다. 이러한 추산 역시 경주의 범위를 어디까지로 삼는가에 따라 편차가 심하다. 그런데 한 가지 분명한 것은 최치원이 살았던 신라의 수도 경주도 장안과 똑 같았다고 말하긴 어렵지만 장안에 버금갈 정도로 번화한 도시였다는 점이다. 그러니 최치원이 장안에 도착해서 엄청난 인구에 놀라지는 않았을 것이다. 대신 장안이 경주와 달랐던 것은 경주보다 큰 도시의 규모는 말할 것도 없지만 세계 각국의 사람들이 북적댔던 점일지도 모른다. 신라 경주에는 절대다수가 신라인이었지만, 장안은 중국 한족은 물론 피부색이 다른 각국의 사람들이 살고 있었다. 당나라 왕조의 지배자들 자체가 한족 혈통이 아니라 유목민의 피가 섞여있었다. 당 왕조가 다른 왕조에 비해 개방적인 정책을 펼친 것도 지배자들의 피 속에 흐르는 유목의 형질과 무관하지 않다. 당 왕조가 최치원을 받아들인 것도 개방적인 정책을 실시하지 않았다면 불가능했을 것이다.

장안에서의 첫날 밤

최치원은 고향 경주에서 출발한지 몇 날인지 조차 모를 만큼 긴 여정을 무사히 마치고 장안에 도착했다. 혼자 생각해도 대견스러웠다. 최치원 일행이 목적지인 장안에 도착하니 석양이 장안을 비추고 있었다. 석양에 빛나는 장안성은 화려했다. 치원은 장사를 따라 이름 모를 길을 따라 갔다. 성 밖이었지만 길은 잘 포장되어 있었다. 신라보다 길이 훨씬 넓었고 화려했다. 길 곳곳에 경주에서 본 회화나무들이 즐비했다. 한참 걸어서 도착한 곳은 꽤 큰 집이었다. 상인이 그 집에 도착하니 주인이 반갑게 맞이했다. 상인이 그 동안 잘 알고 지내던 사람에게 최치원이 묵을 곳을 정해둔 터라 방을 얻는 데는 큰 어려움이 없었다. 치원은 주인이 안내하는 방으로 갔다. 방은 그다지 크지 않았지만 생각보다 정갈했다.

치원은 낯선 땅 낯선 집에서 첫날밤을 맞았다. 저녁은 상인들과 함께 먹었다. 밥은 입에 맞지 않았지만 치원은 억지로라도 먹어두었다. 낯선 곳에서 밥을 굶을 수는 없었기 때문이다. 식사 후 상인들은 볼 일이 있다면서 치원을 두고 떠났다. 상인들이 다시 온다고 말했지만, 치원은 혼자서 밤을 보내야만 했다. 12살의 치원이 맞은 장안의 첫날밤은 길고도 길었다. 그러나 아는 사람 한 사람 없는 곳에서 어린 치원이 맞이한 장안의 밤하늘은 경주처럼 별이 빛났다. 첫날밤을 맞은 치원의 유일한 위안은 별이었다. 별은 경주나 장안이나 같았다. 그는 상인이 떠난 후 작은 툇마루에 앉아 고향 하늘을 바라보았다. 멀리서 별이 깜박 깜박 마치 부모님이 손짓하는 듯 했다. 시간이 지나자 봄바람이 차가웠다. 그는 방으로 들어갔다.

방안은 별 빛 때문인지 그렇게 어둡지는 않았다. 이불을 펴고 베개에 머리를 놓았다. 누워서 보니 서서 볼 때보다 천정이 높았다. 천정이 높아 한결 마음이 편했다. 치원은 피곤했지만 잠이 오지 않았다. 그는 장안에서의 첫날밤을 결코 편하게 잘 수 없었다. 갑자기 머리가 복잡했다. 과연 어떻게 이국땅에서 살아남을지 무척 겁이 났다. 장안에 도착하기 전까지 치원은 그다지 걱정하지 않았다. 장안까지 오는데 급급했기 때문에 도착 후를 걱정할 겨를이 없었기 때문이기도 했지만, 함께 한 안내자도 있었기 때문이었다. 그러나 장안에 도착한 후 상인들도 떠난 후 혼자 남자, 그는 오로지 혼자라는 생각에 두려웠다. 그는 자신이 왜 여기까지 왔는지 혼란스러웠다. 아버지는 왜 나를 여기까지 보냈는지 원망스럽기도 했다. 고향 경주에 있는 죽마고우 법구가 생각났다. 법구는 집안이 부유하지 않았지만 학문에 큰 뜻을 품고 있었다. 그러나 법구의 아버지는 형편상 법구를 치원처럼 중국에 유학 보낼 수 없었다. 치원은 고향을 떠나면서 친구 법구를 전날 만났다. 치원은 자신에게 열심히 공부해서 금의환향라라는 친구 법구가 부러웠다.

치원은 고향 생각에 눈물이 났다. 그러나 금방 눈물을 닦았다. 그는 손을 불끈 쥐고 다짐했다. 그는 고향에서 귀가 따갑도록 들었던 아버지의 훈계를 기억하면서 앞으로 어떤 일을 해할지를 고민했다. 우선 그는 아버지의 많은 훈계 중 순위를 정하기로 했다. 치원이 가장 중요하다고 생각한 것은 건강이었다. 최견일은 치원에게 늘 건강을 강조했다. 그가 자식에 건강을 강조한 것은 자신이 건강하지 못해 평소에 공부를 마음껏 하지 못했기 때문이었다. 최견일은 기관지가 좋지 않아 공부하면서도 늘 집중할 수 없었다. 그래서 그는 늘 치원에게 건강해야 공부할 수 있다는 점을 강조했다. 치원은 아버지가 건강이 모든 생명체의 가장 큰 능력이라는 말을 되새겼다. 치원은 다음으로 합격의 압박에서 벗어나는 것을 꼽았다. 그는 아버지가 강하게 합격을 강조했지만, 늘 말미에 합격의 집착에서 벗어나야 합격할 수 있다는 말을 기억했다. 그는 몸을 뒤척이면서 문득 독실한 불교신자였던 어머니가 어느 날 겨울 장독대 옆에서 하신 말씀이 떠올랐다.

"치원아, 밥이 부처이다. 밥을 잘 먹어야 공부를 잘 할 수 있어. 어디 가든 밥을 챙겨 먹어라. 그러나 밥을 먹되 급하게 먹지 마라. 급하게 먹으면 체한다. 치원아, 밥을 천천히 먹어라. 천천히 먹으면서 밥이 어떻게 생기는지 생각하면서 먹어라. 밥이 생명이다. 생명이 어디서 오는지를 모르면 사람이 아니다. 부처님은 생명이 무엇인지를 가르쳐주시는 분이다."

치원은 잠시도 게을리 하지 않고 자신을 위해 부처님께 기도할 어머님을 생각하니 눈물이 났다. 어머니 따라 불국사에 갔던 기억이 샘물처럼 쏟았다. 그는 부모님의 말씀대로 합격을 위해 최선을 다하겠지만, 즐기면서 공부하기로 작정했다. 하루 이틀 만에 할 공부가 아니라면, 최소한 10년 세월동안 중국에서 공부할 것이라면 장기적인 안목에서 승부를 걸어야 한다고 생각했다. 그렇게 하려면 공부를 즐기지 않고서는 불가능하다고 생각했다. 치원은 이점에 대해서는 자신감을 갖고 있었다. 그는 어릴 적부터 공부가 즐거웠다. 최견일이 치원을 유학보내기로 한 이유 중 하나도 자식이 억지로 공부하는 게 아니라 즐기면서 하는 것을 잘 알고 있었기 때문이다. 최견일은 학문이 얼마나 어려운지 잘 아는 사람이었다. 그래서 그 자체가 즐겁지 않고서는 아무리 출세하려 해도 불가능하다는 것을 잘 알고 있었다. 마지막으로 치원은 지나친 계획을 경계하기로 했다. 그는 매일 매일 시간표를 정해 성과를 내기보다 순간순간 집중해서 공부하는 게 훨씬 효과적이라는 것을 잘 알고 있었다. 경주에서 공부할 때도 그는 시간표에 매이지 않았다. 그는 공부하다가 지겨우면 시냇가에 가든지, 아니면 친구들과 놀기도 했다. 부모님도 치원의 이런 공부 태도를 나무라지 않았다.

문밖에서 닭소리가 들렸다. 문 틈새로 비늘 같은 햇살이 비집고 들어왔다. 그는 이불로 얼굴을 덮어버렸다.

과거준비

치원은 눈을 비비면서 일어났다. 해가 벌써 중천에 있었다. 그는 새벽에 잠이 들어 주인이 부르는 소리도 듣지 못했다. 주인도 어린 치원이 안타까워 아침에 억지로 깨우지 않았다. 그는 주인이 주는 아침 겸 점심을 먹었다. 치원은 밥을 먹은 후 소화도 시킬 겸 대문 밖으로 나갔다. 집 옆에는 고향에서 본 뽕나무가 있었다. 그는『시경』을 통해 자신이 서 있는 장안에 뽕나무가 많다는 것을 알고 있었다. 장안은 뽕나무의 원산지이다. 그런데 치원은 주인집 담 옆에 살고 있는 뽕나무가 경주에서 본 뽕나무보다 큰 것에 놀랐다. 치원은 경주 곳곳에 자라고 있는 뽕나무를 많이 봤지만, 키는 그다지 크지 않았다.

장안의 뽕나무는 눈으로 대충 재어보니 족히 다섯 자 정도는 넘는 듯했다. 그는 고개를 들어 한참동안 뽕나무를 쳐다보았다. 뽕나무 잎 사이로 한 마리 새가 날아가고 있었다. 그는 새가 보이지 않을 때까지 쳐다보았다.

치원은 집 주위를 한 바퀴 돌다가 집으로 돌아왔다. 마당에서 주인집 어린애가 놀고 있었다. 그러나 그는 아직 말이 통하지 않아 어린애에게 말을 걸 수 없었다. 한참 어린애가 노는 것을 보고 방으로 들어갔다. 치원은 방에서 고국에서 가져온 짐 보따리를 풀었다. 몇 개의 보따리를 푸니 경주에서 가져온 책이 나왔다. 최견일은 치원의 과거에 필요한 책을 모두 마련해주었다. 그는 아버지가 준비해주신 책을 내일부터 본격 공부할 책 순서대로 차곡차곡 방 한쪽 구석에 쌓았다. 치원은 벽에 기대어 쌓아둔 책을 물끄러미 바라보았다. 갑자기 갑갑했다. 저렇게 많은 책을 공부할 걸 생각하니 가슴이 답답했다. 그러나 치원은 피할 수 없다는 것을 잘 알고 있었다. 더욱이 오로지 해결하는 방법은 열심히 읽는 수밖에 없다는 것도 잘 알고 있었다. 치원은 공부 방법에 대해 고국을 떠나기 전 아버지에게 귀에 딱지가 앉을 정도로 들었다. 그는 매일 매일 성실하게 과거시험 공부에 열중했다. 시간이 지나면서 공부에도 재미도 있다는 것을 느꼈다. 아버지를 비롯한 많은 학자들이 왜 공부하는지 어렴풋이 알 것 같기도 했다.

시험 치러 가는 날

당나라 시험에는 수재(秀才)·진사(進士)·명경(明經)이 중심이었다. 수재과는 당나라 초에 없어지고 시문(詩文)으로 시험 보는 진사과와 유교 경전으로 시험 보는 명경과가 주류였다. 진사는 '사가진(士可進) 수작록(受爵祿)'에서 온 말이다. 최치원이 중국 당나라 과거 시험 중 어떤 시험에 응시했는가에 대해서도 의견이 분분하다. 일반적으로 최치원이 응시한 시험을 빈공과(賓貢科)라고 한다. 당나라에서 처음 설치한 빈공과는 외국인들에게 시험의 기회를 주기 위해 만든 제도였다. 그래서 최치원도 외국인이었기에 빈공과에 응시했다는 지적은 아주 자연스럽다. 그러나 『계원필경』에서 언급하고 있듯이 최치원의 아버지는 자식을 진사에 합격하길 원했다. 최견일도 당나라의 과거 제도에 대해서는 어느 정도 알고 있었을 터이니, 빈공과와 진사과를 구분할 줄 알았을 것이다. 그런데도 최치원 연구자의 대부분은 그를 진사과 합격자가 아닌 빈공과 합격자로 해석하고 있다. 그러나 현재 중국에서는 최치원을 진사라 부른다.

치원은 초저녁에 시험에 필요한 것을 준비했다. 그러나 특별히 준비할 것은 없었다. 과거 시험장에 가지고 들어갈 만한 게 별로 없었기 때문이다. 다만 필요한 것은 붓과 음식, 초와 요강이었다. 짐을 다 챙길 무렵 주인이 저녁 먹으라는 소리가 들였다. 대충 방을 정리하고 주인방으로 갔다. 식탁에 전과 다른 음식들이 보였다. 주인이 치원의 시험 때문에 특별히 준비한 것이었다. 치원은 평소 하루에 세 번 식사를 했다. 식사는 대부분 정해진 시간에 했다. 아침 식사에 죽이나 국의 횟수만 다를 뿐 음식의 종류는 명절을 제외하면 일 년 내내 큰 변화가 없었다. 게다가 치원은 주인과 같이 식사할 기회도 거의 없었다. 보통 중국에서는 식당이 따로 있는 게 아니어서 식당이 존재하지 않았다. 음식은 부엌에서 만들어 먹을 사람이 있는 곳으로 운반했다. 보통 남자들은 여자와 따로 식사했다. 그러나 오늘 저녁에는 주인 가족이 모두 모여 있었다.

치원의 밥 그릇 주위에 물고기 반찬과 양고기도 놓여 있었다. 밥도 쌀밥이었다. 치원은 그동안 쌀밥을 거의 먹지 못했다. 중국 북부지방에는 밀과 조로 만든 음식이 주식이었다. 그러나 당대에 수리시설을 만들면서 하남, 하북, 산동, 회남 등지에서 벼농사 면적이 점차 늘어났다. 따라서 당나라 시대에도 쌀과 밀과 조를 함께 먹었다. 치원은 고기반찬도 참 오랜만에 먹었다. 치원은 잠시 고기반찬을 보면서 중국 장안에 들어온 지 6년 동안 고기를 마음껏 먹어본 기억을 더듬어 보았다. 그러나 잘 기억나지 않았다. 그 동안 먹었던 반찬은 주로 천금채(千金菜)와 파채(菠菜) 등이었다. 오랜만에 양고기와 민물고기 반찬을 먹으니 참 낯설었다. 치원은 민물고기는 간이 맞지 않아 콩으로 만든 장에 찍어 먹었다. 양고기는 파와 마늘을 섞어 먹었다. 오랜만에 먹는 양고기인지라 비위에 잘 맞지 않았기 때문이었다.

식사에는 반찬도 반찬이려니와 젓가락도 달랐다. 평소에는 버드나무젓가락이었지만 오늘 따라 물푸레나무로 만든 젓가락이 놓여 있었다. 밥그릇도 어제와 달리 도기가 아니라 자기였다. 치원은 음식과 식기를 보는 순간 단번에 주인이 자신에게 엄청난 호의를 베풀고 있다는 것을 직감했다. 그 동안 한 번도 이런 식사를 한 기억이 없었기 때문이다. 주인이 치원의 과거시험 치르는 날에 이렇게 융숭한 대접을 하는 것은 나름대로 이유가 있었다. 중국 당나라에서 과거에 합격하면 집안이 팔자를 고치는 것과 같을 만큼 부와 명예와 권력이 호박 덩굴처럼 들어올 수 있었기 때문이다. 치원의 집 주인도 그 정도 세상 물정을 알고 있는 사람이었다.

치원은 과거시험 덕분에 중국 생활 중 가장 행복한 식사시간을 보냈다. 저녁을 먹고 시험장에 가져갈 짐을 다시 챙겼다. 그는 바깥주인과 함께 장안성으로 향했다. 주인은 치원이 혼자서도 갈수 있다고 했지만 끝내 자신이 길을 안내해야 한다면서 따라왔다. 치원도 장안성으로 들어가는 길을 잘 알았지만 못 이기는 척 했다. 여름 장안성의 밤하늘은 경주보다 무더웠다. 치원은 성문에서 주인과 헤어진 후 천천히 주위를 살피면서 걸어갔다. 주위에는 벌써 많은 수험생들이 걸어가고 있었다. 최치원의 눈에 성안의 회화나무 꽃이 들어왔다. 그는 연한 황색의 회화나무의 꽃을 보면서 중국인들이 왜 진사시험을 '괴추(槐秋)'라 부르는 지 알 것 같았다. 그는 자신이 그 말의 주인공일줄 꿈에도 몰랐다. 그는 주작문을 따라 황성으로 갔다. 그곳에 시험장인 예부가 있었기 때문이다. 그는 걸으면서 감개무량함을 느꼈다. 세계 제국 당나라 중심부에서, 그것도 어렵고 어렵다는 과거 시험장에 당당하게 걸어가고 있는 자신이 대견스러웠다.

예부에 도착하니 전국 각지에서 올라온 사람들로 시험장은 발 디딜 틈조차 없었다. 치원은 실눈으로 응시자들을 훔쳐보았다. 하나같이 긴장한 모습이었다. 치원도 긴장하기는 마찬가지였다. 시험장에 도착 한 뒤 한 참을 지나니 종소리가 길게 울렸다. 종소리가 장안성을 한 바퀴 돌아올 즈음 어떤 건장한 사람이 나와 시험장에 들어가는 데 필요한 유의사항을 일러주었다. 모두 그 사람의 말 한 마디라도 놓치지 않으려고 한 발짝씩 앞으로 나갔다. 치원도 다른 사람에 밀려 발을 옮기지 않을 수 없었다. 그 사람의 유의사항 전달이 끝나지 각자 정해진 시험장으로 들어갔다. 치원도 다른 사람과 마찬가지로 지정 장소로 갔다. 자리를 잡은 후 하늘을 바라보니 깜깜했다. 도무지 하늘이 보이지 않았다. 그때야 치원은 자신이 무척 긴장하고 있다는 것을 깨달았다. 그는 순간 아버지를 생각했다. 고향 떠나올 때 아버지가 일러준 대로 이판사판을 생각했다. 최견일은 치원에게 시험장에 도착하면 합격여부를 생각하지 말고 떨어져도 그만이라 생각할 것을 강조했다. 그래야 평상심을 유지할 수 있다는 것을 경험으로 잘 알고 있었기 때문이다. 잠시 후 치원은 한결 마음이 편안하다는 것을 느꼈다. 다시 하늘을 보니 하늘이 보였다. 멀리서 북두칠성이 보였다. 그는 저 북두칠성이 사라지는 날, 결전의 날이 밝으리라는 것을 알고 있었다. 장안성 하늘의 북두칠성은 아주 느리게 하나 둘 잘 곳을 찾아 떠나기 시작했다. 본격적인 시험은 내일 아침이다.

초조한 기다림과 장안 여행

치원은 6년 동안 준비한 내용을 유감없이 발휘했다. 그러나 시험장에 들어서는 것만큼 발표를 기다리는 것도 엄청난 고통이다. 오히려 발표 후보다 전이 훨씬 고통스럽다. 발표가 나면 결과에 따라 새로운 것을 준비할 수 있지만, 그 전까지는 아무것도 하지 못하고 고통 속에 무작정 기다려야 하기 때문이다. 치원도 시험은 큰 실수 없이 치렀지만, 치열한 경쟁을 생각하면 안심할 수 없었다. 물론 아버지의 지상명령이 10년이었기 때문에 이번에 낙방해도 다시 기회가 없지 않았다. 그러나 누구든 시험에 대한 불안감과 압박감 때문에 단번에 붙고 싶다. 최치원도 이번에 합격하길 절실하게 원하긴 마찬가지였다. 그러나 합격 여부는 한 달 뒤에나 알 수 있다. 수많은 사람들이 응시했고, 이른바 국가고시인지라 신중하게 채점하려면 오랜 시간이 걸릴 수밖에 없다.

치원이 시험을 치고 하숙집에 돌아오니 주인이 아주 반갑게 맞이했다. 그는 주인과 시험관련 얘길 간단히 나누다가 방에 들어갔다. 치원은 시험 치느라 몹시 피곤하여 그냥 방바닥에 누웠다. 일어나보니 밖이 어둑어둑했다. 그는 주인이 차려주는 밥을 간단히 먹고 다시 방으로 들어왔다. 전 같으면 밥을 먹고 동네를 한 바퀴 돌고 방으로 들어왔지만 오늘은 그런 마음이 없었다. 그동안에는 과거시험이라는 목표가 있었기에 뭐든지 의욕적으로 할 수 있었다. 그러나 그는 시험이 끝나자 당장에 목표를 잃어버렸다. 설령 다음 목표를 세우더라도 시험의 합격 여부에 따라 전혀 달라지기 때문에 무턱대고 목표를 세울 수도 없었다. 치원은 누워서 천정을 멍하니 바라보았다. 참 오랜만에 느껴보는 무료함이었다. 그러나 금방 가슴이 답답했다. 치원이 가슴이 답답했던 것은 앞으로 한 달 동안 무엇을 할지 몰랐기 때문이었다. 그런데 문득 중국에 알고 지내던 친구가 한 말이 떠올랐다. 친구 이름은 고운(顧雲)이었다. 치원은 어느 날 고운이 자신에게 시험을 친 후 특별히 할 일도 없으니 함께 장안 구경이나 하자는 말을 기억했다. 그런 기억에 치원을 벌떡 일어나 친구 집에 가기 위해 문을 열고 나갔다. 그러나 밖은 벌써 캄캄했다. 그는 할 수 없이 다시 방으로 들어가 오지도 않는 잠을 청했다.

다음날 치원은 아침을 먹는 둥 마는 둥하면서 빠른 걸음으로 친구 집에 찾아갔다. 마침 친구도 집에 있었다. 그는 친구를 보자마자 다짜고짜 자기와 함께 장안 구경하자고 말했다. 친구도 치원의 말을 기다렸다는 듯이 흔쾌히 허락했다. 치원은 친구의 말을 듣자마자 다시 곧장 집으로 달려가 주인에게 이 사실을 알렸다. 주인도 마다할 이유가 없었기에 치원은 대략 여행 준비를 한 후 다시 친구 집으로 왔다. 그새 친구도 부모님 허락을 얻어 짐을 꾸리고 있었다. 둘은 그날 오후에 바로 출발했다. 치원은 6년 동안 중국 장안에 거주하면서 특별히 여행을 할 없었다. 목표인 시험공부에 여념이 없었기 때문이기도 했지만, 낯 선 곳에서 혼자 여행한다는 것도 아주 위험했기 때문이었다. 더욱이 여행을 하자면 어느 정도 돈도 필요했다. 그러나 그에겐 부모님께서 마련해주신 돈이 넉넉지 않았다. 사실 엄청난 부자가 아니고서야 마음껏 여행할 수 있는 유학생은 거의 드물다. 그래서 치원은 친구와 일종의 '무전여행'을 하기로 했다. 그러나 말이 무전여행이지 최대한 경비를 줄이는 여행이었다. 그들은 때론 장안에 있는 친구의 친척집에 찾아가서 자는 방법을 택하기로 했다. 가장 큰 돈이 필요한 곳이 바로 잠자리였기 때문이었다. 자는 곳만 해결할 수 있다면 그 외는 대부분 몸으로 때울 작정이었다. 먹는 것도 가장 저렴한 것을 사 먹기로 했다. 치원도 6년 동안 중국 음식에 길들여졌기 때문에 큰 문제가 없었다.

그들이 처음 찾은 곳은 장안의 사찰이었다. 치원이 가장 먼저 사찰을 찾은 곳은 자신을 위해 절에서 기도하고 계실 어머니가 무척 보고 싶었기 때문이다. 그도 절에 가서 어머니와 가족을 위해 기도하고 싶었다. 치원 일행이 찾은 곳은 천복사(荐福寺)였다. 이 절은 당나라 중종(中宗, 재위 705-710)때 고종의 명복을 빌기 위한 헌복사였으나, 측천무후가 즉위하던 해인 690년에 이름을 고쳤다. 절 이름처럼 치원도 탑을 돌면서 가족의 복을 빌었다. 탑을 돌면서 어머니와 함께 불국사에 탑을 돌면서 기도했던 어린 시절이 생각났다. 그러나 천복사의 탑은 경주 불국사의 석가탑과 다보탑보다 규모가 훨씬 컸다. 천복사의 소안탑(小雁塔)은 경주에서는 볼 수 없었던 15층이었다. 이 탑은 696년 현장보다 늦게 인도에서 불경을 가져와 702년 불경 56부를 해석한 것을 보존하기 위해 만들었다. 치원은 45미터에 달하는 소안탑의 높이에도 놀랐을 뿐 아니라 석가탑과 다보탑과 달리 벽돌로 만든 것에도 놀랐다. 그는 이러한 탑의 재질을 전혀 보지 못했던 것이다.

친구 고운은 치원이 기도를 끝내자 자은사(慈恩寺)로 안내했다. 치원은 왜 자신이 자은사에 가야하는 지를 물었다. 친구의 설명을 듣고서야 치원은 왜 천복사의 탑 이름이 소안탑인지 알았다. 그것은 천복사 근처에 위치한 자은사 내에 대안탑(大雁塔)이 있었기 때문이었다. 자안사는 글자에서 풍기듯이 당 고종이 648년

소안탑

돌아가신 어머니인 문덕황후를 기리기 위해 세운 절이었다. 고운은 이 절의 유래에 대해서 자세하게 설명했다. 고운에 따르면, 이 절은 인도에서 불경과 사리, 그리고 불상을 가져온 삼장법사인 현장(602-664)이 불경을 번역하면서 주지를 맡았던 곳이었다. 652년에 세운 10층 대안탑이 인도풍인 것도 현장과 무관하지 않다. 치원은 자은사와 대안탑을 보면서 자신의 삶도 현장과 닮았을지도 모른다는 생각을 했다. 아울러 그는 마침 탑 위에 앉은 새를 바라보면서 자신도 현장처럼 중국에서 많이 배워 고국에 돌아가 큰일을 해야겠다고 다짐했다. 둘은 여행 첫날밤을 자은사 근처에서 보냈다.

대안탑

치원의 꿈속에 은은한 종소리가 들렸다. 자세히 들어보니 자은사의 새벽 종소리였다. 치원에게 종소리는 정말 익숙하면서도 세상에서 가장 아름다운 소리였다. 그는 어려서부터 지구상에서 가장 신비한 성덕대왕신종 소리를 듣고 자랐다. 그래서 그에게 종소리는 단순한 소리가 아니라 위대한 음악이었다. 아침에 울리는 종소리는 세상의 모든 것을 보살피는 관세음보살을 위한 것이고, 저녁에 울리는 종소리는 지하에서 고통 받는 중생을 보살피는 지장보살을 위한 것이다. 그러나 치원의 귀에는 자은사의 종소리도 아름다웠지만 경주에서 들었던 성덕대왕신종과 같은 울림이 없었다.

치원은 일어나서 다시 조용히 종소리를 들었다. 친구도 잠이 깼는지 일어났다. 고운은 치원이 아주 조용하게 종소리를 듣고 있었기에 움직일 수 없었다. 어쩔 수 없이 그 역시 종소리를 들었다. 고운에게도 종소리는 익숙했지만 오늘처럼 방안에서 조용하게 듣긴 처음이었다. 치원이 친구 고운의 모습을 바라보는 순간, 종소리는 멎었다. 33번의 종소리가 끝났다. 두 사람은 방문을 열고 밖으로 나갔다. 아직

밖은 앞을 분간할 수 없을 정도였지만, 오히려 그 덕분에 자안사 대안탑의 볼륨 있는 몸매가 선명했다. 두 사람은 다시 자안사로 걸어갔다. 치원은 금방 들었던 종소리를 직접 보고 싶었다. 낮에 자세하게 보지 않았던 종이 어떤 모습인지 궁금했다. 일주문으로 들어가니 담에서 자고 있던 능소화가 두 사람의 발자국 소리에 눈을 비비고 일어났다. 능소화가 두 남자를 보자 부끄러워 고개를 돌렸다. 두 사람은 못 본 척 빨리 절 안으로 들어갔다. 절 안에는 새벽이었지만 스님들의 발걸음이 분주했다. 두 사람은 혹시 야단맞을까봐 조용히 종각으로 갔다. 치원은 종을 바라보면서,

"내 고향 성덕대왕신종보다 작네."라고 말했다.

"너 고향에도 큰 종이 있는 모양이구나."

"그럼. 이 종보다 훨씬 크고 소리도 신비롭지."

"그게 정말이냐."

"정말이고말고. 사람들은 그 종을 '에밀레종'이라고도 해."

"왜 그렇게 부르지?"

"일설에는 그 종을 만들 때 갓난아기를 넣었기 때문에 종이 울릴 때 아기소리가 들려서 붙인 이름이래."

"참 재미있으면서도 좀 슬프네."

"근데, 난 그렇게 생각하지 않아."

"넌 다른 이유를 알고 있는가 보네."

"아니. 그런 건 아니지만, 그런 얘기나 나온 연유를 생각하면 뭔가

있을 것 같거든."

"그게 뭔데?"

"너도 알잖아. 아마 그건 『맹자』에 나오는 흔종(釁鐘) 과정에서 나온 건 아닐까?"

"그래. 중국에서는 옛날에 종을 만든 후 소같이 귀한 동물의 피를 발랐지."

"맞아. 나는 에밀레종도 완성 후 귀한 생명의 피를 발랐을 거야. 그 과정에서 전하는 얘기가 만들어졌을지도 모르거든. 애기 피는 귀하고 아주 순수하거든."

"듣고 보니 그럴듯하네."

두 사람은 한참동안 종각에 머물다가 다시 절에서 나왔다. 절에서 내려오면서 간단하게 아침 허기를 면했다. 그러나 아침에 해가 뜨니 몹시 더웠다. 두 사람은 작열하는 태양을 피하기 위해 저렴한 모자를 각각 하나씩 걸치고 걸었다. 한결 좋았다. 두 사람은 자신들도 무르게 진시황제의 능으로 가고 있었다. 치원은 말만 듣던 진시황제의 능을 늘 보고 싶었다. 한시라도 빨리 보고 싶었지만 더운 날씨 때문에 걷는 것조차 힘들었다. 두 사람은 길가의 그다지 크지 않은 백일홍 밑으로 들어갔다. 치원은 과거시험 치고 나오면서 상서성 앞에 있었던 아주 큰 백일홍을 보았다. 그곳의 백일홍도 꽃이 만개했지만, 지금 자신을 돕고 있는 백일홍 꽃도 만개해 있었다. 치원은 땀을 닦으면서 친구에게 백일홍의 또 다른 이름이 무엇인지 물었다. 친구는 자미화(紫微花)

라고 대답했다. 친구도 뒤질세라 치원에게 물었다.

"백일홍을 왜 상서성에 심었는지 아니?"

"글쎄. 잘 모르겠는데."

"자미화는 제왕의 별이거든. 북극성 북쪽에 있는 자미성(紫薇星)이 있잖아. 그래서 황제가 업무를 보는 상서성을 자미성(紫薇省)이라 부르잖아. 너도 알다시피 당 현종께서 즉위하자마자 상서성을 자미성이라 고쳤잖아."

"그런 깊은 뜻이 있었구나. 고마워."

"지금도 이곳에서는 상서성을 자미성이라 부르고 있어. 게다가 백일홍을 자미화라고 부르지. 너도 참 좋아하는 선생의 시에도 자미가 등장하잖아. 기억 안나?"

"아, 생각나."

"그럼 한번 읊어봐."

"그럴까?"

치원은 친구의 권유와 더불어 더위도 식힐 겸 당나라 백거이(白居易, 766-826))의 시를 천천히 노래했다.

사륜각에서는 문서 정리 끝나고(絲綸閣下文書靜)
종고루에서는 물시계 소리 길기만 하네(鐘鼓樓中刻漏長)
해질녘 홀로 앉아 누구와 함께 하려나(獨坐黃昏誰是伴)
자미화가 자미랑과 짝이 되었네(紫微花對紫薇郎)

백낙천의 시를 읊고 나니 다시 걸어갈 의욕이 생겼다. 두 사람은 좀 빠른 걸음으로 진시왕릉으로 갔다. 왕릉에는 점심조차 거르면서 쉬지 않고 걸었지만 해질녘에 도착했다. 두 사람은 피곤하고 배도 고파 도저히 왕릉을 볼 수 없었다. 우선 급한 대로 근처 주막에 들어가 주린 배를 가득 채웠다. 한결 살만했다. 주모에게 물어 잘 방을 얻었다. 두 사람은 별 얘기 없이 잠을 청했다. 이날 저녁은 두 사람 모두 잠보다 나은 것은 없다는 것을 잘 알고 있었기 때문이다.

치원은 전날처럼 새벽에 일어났다. 그 동안 과거시험 공부할 때 주로 새벽을 이용한 탓이리라. 조금 있으니 친구도 일어났다. 두 사람은 약속이나 한 듯이 문을 열고 왕릉으로 갔다. 하늘엔 아직 별이 많이 남아 있었다. 공기도 낮과는 달리 아주 맑았다. 한 참 걸어가니 큰 산이 나타났다. 친구는 눈앞에 보이는 것이 진시황제의 무덤이라 말했다. 치원은 할 말이 없었다. 얘기로만 듣던 진시황제의 무덤이 이렇게 클 줄 몰랐기 때문이다. 그는 경주에서 본 왕의 무덤과 현격한 차이 때문에 현기증이 날 정도였다. 치원은 친구가 등을 두드리자 그때서야 움직일 수 있었다. 친구는 치원의 행동에 놀랐던 것이다. 고운은 친구 치원이 왕릉의 크기에 놀라고 있는 것을 알아차리고,

"놀랄 것 없어. 중국의 황제무덤은 대개 산과 같아. 그러니 다음부터 놀라지 마."

친구는 자신의 말이 치원을 한층 놀라게 할 줄 몰랐다. 인생에서

누군가의 위로가 때론 그렇지 않을 수도 있다는 것을 고운은 몰랐다. 치원은 친구의 말이 가슴에 꽂혔다. 그 동안 중국에 와서 그다지 놀랄 일은 많지 않았다. 그러나 진시왕의 무덤을 본 후 그는 생각을 달리했다. 치원이 놀란 것은 단지 무덤의 규모가 아니었다. 무덤의 규모에 숨어 있는 엄청난 권력과 음모가 도사리고 있다는 것을 직감했기 때문이다. 진시황제가 무서운 것은 단순히 그가 동원한 엄청난 인력과 토목공사의 흔적이 아니라, 중국인들은 물불가리지 않고 무엇이든지 할 수 있기 때문이었다. 치원은 불현 듯 당나라도 무슨 짓을 할지 모른다는 생각에 덜컹 겁이 났다. 순간 등짝에 흐르던 땀이 갑자기 뽀송뽀송하게 말라버리는 듯 했다. 정신이 어질어질했다. 정신을 차리려는 순간 해가 갑자기 무덤을 비추었다. 햇살에 드러난 무덤은 정말 웅장했다.

치원은 친구와 함께 무덤 주위를 천천히 걸었다. 마치 무덤을 걷는 게 아니라 산에 산책 온 기분이었다. 무덤 주위에는 소나무가 즐비했다. 치원에게 무덤 주위의 소나무는 낯설지 않았다. 경주의 왕 무덤에도 소나무가 많았기 때문이다. 친구가 어제처럼,

"치원아, 진시왕 무덤에 왜 소나무가 있는지 아나?"

"글쎄다. 고향 경주의 왕 무덤에도 있는데, 무슨 이유인지는 정확하게 모르겠네."

"나도 잘 모르지만, 아버지가 이런 말씀을 하셨던 것이 기억나네."

"네 아버지가 무슨 말씀을 하셨는데."

"아버지께서는 무덤에 소나무를 심는 이유가 주나라 봉건시대부터 있었기 때문이래."

"소나무가 주나라 봉건제도와 무슨 상관이냐?"

"아버지 말씀에 따르면, 주나라에서는 신분에 따라 무덤에 각각 다른 나무를 심었다고 해. 그것을 통해 무덤에서조차 신분사회를 유지하려는 것이겠지."

"그러면 진시황제 무덤에 소나무가 있으니 황제의 무덤에는 소나무를 심었겠네."

"그렇지."

"그러면 내 고향 경주의 왕 무덤에 소나무가 있는 것도 같은 이유일까?"

"정확하게 알 수 없지만, 그럴 가능성은 있겠지?"

"그럼, 다른 신분의 무덤에는 무슨 나무를 심었는지 알아?"

"오래전에 아버지에게 들은 얘기라 자세하게 기억나지 않지만, 제후의 무덤에는 측백나무, 사(士)의 무덤에는 회화나무를 심었다고 해."

"옛날 사람들은 물론 요즘 사람들도 의미를 갖고 나무를 심었구나."

"그런 것 같아. 우리도 앞으로 유적지 다니면서 나무에도 관심을 갖는 게 좋겠어."

치원은 하늘을 쳐다보았다. 무덤위에 구름이 이불처럼 덮고 있었다. 내심 비라도 한 줄기 내렸으면 좋겠다는 생각을 했다. 그는 무더위를 식혀주는 비가 아니라 답답한 마음을 씻어줄 비를 기다렸다. 구름 사이로 어느 새 해도 중천에 있었다. 두 사람은 아침 일찍 일어나 끼니조차 제대로 먹지 않은 탓에 배가 무척 고팠다. 그들은 더운 날씨에 진시황제의 무덤을 전부 돌아보다가는 쓰러질 것 같기도 해서 근처 주막으로 걸어 나왔다. 둘은 주막에서 밥을 먹은 후 어디로 갈 것인지 의논했다. 치원은 말로만 듣던 양귀비와 관련한 유적지가 궁금했다. 그는 양귀비의 얼굴도 궁금했지만 그가 죽은 흔적도 무척 궁금했다. 그래서 친구에게 그녀와 관련한 곳을 가자고 했다. 사실 고운도 아버지와 함께 아주 짧은 시간에 양귀비 관련 유적지를 본 터라 이번 기회에 친구와 자세하게 볼 수 있는 좋은 기회였다. 우선 두 사람은 양귀비가 즐겼던 화청지(華淸池)를 보기로 했다.

화청지는 여산(驪山) 기슭에 있다. 섬서의 여산은 이태백의 유명한 시 망여산폭포(望廬山瀑布)에 등장하는 여산(廬山)이 아니다. 화청지는 진나라 때부터 '신녀(神女)의 온천'으로 불릴 만큼 유명한 곳이었다. 당 현종은 이곳에 온천궁을 짓고 화청지라 불렀다. 백거이의 '장한가(長恨歌)'에도 화청지가 등장한다. 당 현종은 겨울에 이곳에서 양귀비와 보냈다. 당 현종은 사랑하는 여인 양귀비를 위해 모든 것을 바쳤다. 현종은 그녀를 위해 이곳에 모란을 심었으며, 마음에 드는 가신들에게 별장을 만들어 주었다. 그래서 여산은 육문(六門), 십전(十殿), 사루(四樓), 삼각(三閣), 오탕(五湯)이라 불릴 만큼 화려하고 거창한 건물들이 빼곡했다. 황제가 출입하는 곳이니 당연한 일이다. 더욱이 당 현종이 이곳에서 업무까지 처리했으니 말이다.

두 사람이 화청지에 도착한 시간은 저녁 무렵이었다. 도저히 시간상으로도 화청지를 구경할 수 없었다. 그들은 잘 곳을 마련한 후 저녁을 먹고 일찍 잠자리에 들었다. 그러나 치원은 전날과 달리 진시황제의 무덤에 충격을 받은 탓인지 쉽게 잠이 오지 않았다. 그는 뒤척이면서 진시황제가 무슨 마음으로 자신의 무덤을 그렇게 크게 만들었는지 궁금했다. 단순히 지상의 권력을 지하에까지 옮기려는 욕구 때문이었는지, 아니면 다른 이유가 있었는지 궁금했다. 그는 다른 이유가 있었다면 과연 그게 무엇일까 고민했지만, 잘 떠오르지 않았다. 더욱이 치원은 무덤 안이 어떤 모습인지, 그 안에는 무엇이 있는지도 무척 궁금했다. 그는 막연하게 만약 무덤 안을 볼 수 있다면, 진시황제가 왜 그렇게 큰 무덤을 만들었는지 짐작할 수 있을 것이라 생각했다. 그러나 치원은 불현듯 자신의 그런 생각이 불경(不敬)하다는 생각이 미치자, 다른 생각으로 옮겼다. 그 순간 멀리서 닭소리가 들렸다. 그때서야 치원은 자신이 밤새도록 이런 저런 생각에 잠겼다는 것을 깨달았다.

두 사람은 어제처럼 서둘러 화청지에 가지 않았다. 몇 칠 동안 걸어 다니면서 지친 탓도 있지만, 서둘러 볼 필요도 없었기 때문이다. 느긋하게 아침을 먹고 화청지 입구에 들어가니 치원의 눈에 비단커튼처럼 늘어진 수양버들이 들어왔다. 화청지에는 물도 꽤 많았다. 물에 담긴 수양버들 가지가 바람에 날리는 모습이 마치 양귀비가 그네를 타고 있는 듯 했다. 두 사람은 화청지 정자에 가서 앉았다. 수양버들로 둘러싸인 정자 안에는 마침 아무도 없었다. 신발을 벗고 올라가니 바람이 귓불을 스쳤다. 정자에 앉아서 화청지를 둘러보니 정말 아름다웠다. 정자 아래에는 현종이 양귀비를 위해 심은 모란도 있었다. 그러나 모란꽃은 지고 없었다. 치원이 모란에 눈길을 주자, 고운도 그곳을 바라보았다. 치원은 고운도 모란을 쳐다보자 움칠했다. 혹시 모란과 선덕왕과의 관계를 알고 있지는 않을까 내심 걱정했기 때문이다. 그러나 고운이 치원의 그런 생각을 알아차렸는지 대뜸,

"저 모란을 보면 생각나는 사람 없니?"

"글쎄. 당장 생각나는 사람 없는데."

치원은 모란과 선덕왕의 관계를 정말 피하고 싶었다. 경주에 있을 때도 아버지에게 그 얘길 듣고 어린 나이였지만 분노했던 기억 아직도 생생하기 때문이다. 친구 고운에게 자신의 속마음을 들켰다는 생각에 한층 기분이 좋지 않았다. 그러나 치원은 그 문제를 더 이상 피할 방법이 없었다는 것을 알았다. 왜냐하면 고운은 그 문제를 잘 알고 물었기 때문이다. 아니나 다를까 고운이 본격적으로 그 문제를 파고들었다.

"당나라의 태종이 자네의 나라 국왕이신 선덕왕에게 모란을 보낸 일 생각 안나니?"

"참, 그렇지. 듣고 보니 아버지께 들은 기억이 나네."

치원은 어쩔 수 없이 맞장구를 쳤다. 그러나 고운의 다음 말이 치원을 다시 한 번 놀라게 했다.

"그런데 말이야. 솔직히 알려진 대로 당 태종이 선덕왕의 공주시절에 모란 그림 한 폭과 모란 씨 3되를 보내 그녀를 향기 없는 모란에 비유했다면, 참 나쁜 사람이지. 아무리 다른 나라의 국왕이고, 여자일지라도 일국의 최고 통치자를 그런 식으로 대우할 수는 없는 일이거든. 더욱이 당나라에서도 알다시피 측천무후처럼 여자황제가 나왔을 뿐 아니라 당나라 왕조 자체가 여자를 비하하는 그런 전통을 갖고 있지 않거든. 특히 모란은 중국 사람들이 꽃의 왕, 꽃의 신, 부귀를 상징하는 부귀화 등으로 칭찬하고 있지 않은가 말이야. 그런데도 모란을 그런 식으로 사용하면 이율배반이지."

치원은 친구의 말이 백번 옳았지만 맞장구치는 게 더욱 슬퍼서 가만히 있었다. 친구도 더 이상 모란 얘길 하지 않았다. 치원은 정자에서 내려갔다. 여전히 햇살은 목덜미를 따갑게 할 정도로 강렬했다. 둘은 당 현종과 양귀비가 화려한 나날을 보낸 화청지를 뒤로하고 756년 양귀비가 안록산의 난으로 당 현종과 피난하면서 죽음을 당한 마외파(馬嵬坡)로 향했다. 치원은 그곳을 가면서도 양귀비의 인생을 화려한 모란꽃이라 생각했다. 꽃 중의 꽃인 모란꽃도 한 때 피다가 죽는 법이다. 그러나 식물의 꽃은 한번 지더라도 다시 피지만, 인생의 꽃은 한번 피고 지면 끝이다. 마외파에 도착하니 저녁이었다. 그러나 그곳엔 다소 황량해서 잘 만한 곳이 잘 보이지 않았다. 두 사람은 이곳저곳을 헤매다 겨우 잠 잘 곳을 찾아 그 집에서 간단히 식사를 했다. 오늘은 그렇게 강행군을 하지 않은 탓에 두 사람 모두 그다지 피곤하지도 않았다. 그러나 식사를 마친 후 특별히 할 일이 없었다.

둘은 시간도 보낼 겸 숙소에서 조금 떨어진 강가로 갔다. 강바람 덕분에 그곳이 집보다 한결 시원했다. 둘은 강둑에 앉았다. 멀리 아련하게 불빛만 보일 뿐 사방은 캄캄했다. 그러나 간혹 강바람에 흔들리는 갈대 모습이 보였다. 치원은 어릴 적부터 캄캄한 밤을 무척 좋아했다. 그가 캄캄한 밤을 좋아한 것은 무엇보다도 누구의 방해도 받지 않고 마음대로 상상할 수 있었기 때문이다. 치원은 어둠이 상상의 원천임을 잘 알고 있었다. 둘은 한 동안 아무 말 없이 앉아 있었다. 친구 고운도 혼자 생각하는 것을 좋아했다. 그러니 두 사람은 같이 앉아 있으면서도 따로 즐기고 있었던 것이다. 둘 모두 학문에 뜻이 있는 터라 사유의 자유가 얼마나 한 존재를 행복하게 하는 지 체험으로 알고 있었다. 둘은 말없이 앉아 있어도 전혀 불편하지 않았다. 오히려 아주 편안했다. 그들은 이런 사이가 가장 좋은 친구관계라는 것도 알았다. 그러나 한참을 앉아 있으니 강가에서 외롭게 지내던 모기가 달려들었다. 모기 한 마리가 두 사람의 생각을 벌집 쑤셔놓듯 뒤집어 놓았다. 두 사람은 더 이상 상상의 즐거움을 맛볼 수 없어 집으로 돌아왔다.

치원은 여행하면서 전보다 생각이 많아졌다. 본 게 많으니 생각이 많은 것도 당연한 일이다. 친구와 나란히 방에 누웠지만 당체 잠이 오지 않았다. 그는 상상하기 시작했다. 치원은 화청지에서 잠깐 상상했지만 마무리하지 못한 당 현종과 양귀비 간의 사랑을 생각했다. 치원은 양귀비의 매력이 무엇이었는지, 한 남자와 여자 간의 사랑에는 무엇이 작용하는지, 자신은 과연 어떤 여자와 결혼할지 등등 여러 가지가 궁금했다. 많은 사람들이 당 현정이 양귀비를 사랑한 이유로 그녀의 다양한 재주를 거론하고 있지만, 치원은 그런 생각에 선뜻 동의할 수 없었다. 물론 그녀의 다양한 재주가 현종의 마음을 사로잡을 수 있었겠지만, 치원은 그게 한 남자가 여자를 사랑하는 절대조건이라는 생각이 들지 않았다. 그는 오히려 한 남자와 여자간의 관계는 아주 사소한 것이 좌우할 수 있다는 생각이 들었다. 치원이 이런 생각을 한 것은 아직 그 누굴 진정으로 사랑한 적 없었지만, 아주 어린 시절 여자 친구의 목소리에 자신의 마음을 빼앗아 간 경험이 생각났기 때문이다. 치원은 갑자기 그 때 여자 친구는 무엇을 할까 궁금했다.

치원은 어제 저녁 잠을 설쳤지만 마음은 개운했다. 그는 마음이 개운한 이유가 오랜만에 마음껏 상상할 수 있었기 때문이라는 것을 잘 알고 있었다. 친구 고운도 몸이 가쁜 한 듯 밝은 표정이었다. 오늘은 양귀비의 무덤을 보기로 했다. 고운도 그 동안 화청지는 다녀간 적 있지만 양귀비의 무덤을 볼 기회가 없었던 터라 상당히 궁금하던 차였다. 두 사람은 살아 생 전 그토록 화려한 삶을 살았던 자의 무덤이 궁금했던 것이다. 그러나 주위 사람들의 도움을 받아 그녀의 무덤이 있는 곳으로 갔지만, 간판하나 보이지 않았다. 두 사람은 뭔가 이상하다는 생각이 들었지만, 주위에는 다른 사람들이 하나도 보이지 않았기에 어디 다시 물어볼 수도 없었다. 참 막막했지만 둘은 어쩔 수 없이 속는 셈치고 어떤 사람이 일러준 대로 무작정 갈 수밖에 없었다. 해가 중천에 있을 즈음에서야 먼발치에 무덤 같은 게 보였다. 두 사람은 그게 양귀비의 무덤이라 믿었지만, 상상한 것과는 달리 무덤의 크기가 아주 작아 내심 불안했다. 그러나 직접 확인하지 않고서는 달리 방법도 없는 터라 빠른 걸음으로 갔다. 다행히 무덤 옆에 작은 비석이 있었다. 양귀비의 무덤이었다. 두 사람은 동시에 서로의 얼굴을 쳐다보았다. 두 사람 모두 뜻밖의 일이라 한동안 아무 말도 할 수 없었다. 양귀비의 무덤은 그녀가 당 현종의 명령으로 자결한 뒤 2년 만에 이곳에 만들어졌다. 당 현종 역시 아들인 숙종의 황제 등극으로 결국 은퇴할 수밖에 없었다. 은퇴한 현종이 할 수 있는 일은 거의 없었다. 자신의 목숨조차 겨우 보존할 뿐이었다. 그러니 당나라의 위기가 양귀비 때문임을 믿고 있는 상황에서 그녀를 위한 화려한 무덤 축조는 상상할 수도 없었다. 더욱이 그녀는 본처가 아닌 후처였기에 왕실의 법도에 따라 엄청난 규모의 무덤을 기대할 수도 없었다. 만약 당 현종과 그녀가 끝까지 천명을 다할 수 있었다면 가능했을지도 모른다. 살아서 자신들의 무덤을 만들 수 있었기 때문이다.

무덤의 규모가 작은 탓에 관람하는 데 걸리는 시간도 짧았다. 더욱이 아주 한적한 곳인지라 오래 머물 수도 없었다. 치원은 돌아오면서도 마음 한 구석이 허전했다. 왜 그런지 몰랐다. 혹 양귀비에 대한 연민 때문일까 생각했지만 구태여 그녀에게 그런 마음을 가질 이유도 없었다. 치원은 그녀가 천명을 누리지 못했지만, 천명을 누리는 사람이상으로 큰 부귀를 누렸기 때문에 꼭 불행한 삶이라는 생각이 들지 않았다. 그런데도 마음 한 구석이 허전한 이유를 알 수 없었다. 뒤를 돌아보니 태양도 양귀비의 무덤 끝자락에 걸려 있었다. 두 사람은 내일 중국의 역사에 길이 남을 또 다른 여자를 만나기 위해 일찍 보금자리를 찾아갔다.

두 사람은 새벽에 일어났다. 그들은 아침도 먹지 않고 어제 저녁 주인에게 부탁한 밥을 사들고 서둘러 길을 나섰다. 두 사람이 이렇게 서둘러 가는 이유는 중국 최초의 여자 황제인 측천무후의 무덤을 보기 위해서였다. 무후의 무덤까지 가려면 하루 종일 걸어도 어려울 만큼 먼 곳에 있었다. 더욱이 이 무덤은 중국 최대의 무덤으로 알려진 지라 충분한 시간을 갖지 않으면 전체를 볼 수 없었다. 그들은 가면서 잠시 쉬는 시간을 제외하고는 부지런하게 걸었다. 그러나 몇 날 몇 칠 동안 여행한 탓인지 한참을 걷고 나니 도저히 빨리 걸을 수가 없었다. 치원은 자칫 잘못하다간 병이 날 것 같은 불길한 예감이 들었다. 그래서 친구에게 천천히 가자고 했다. 친구도 힘들었든지 치원처럼 천천히 걸었다. 두 사람은 저녁에서야 측천무후의 무덤이 있는 건릉(乾陵) 근처에 도착했다. 그들은 거의 녹초 상태였다. 어렵사리 방을 얻어 일찍 저녁을 먹고 내일을 위해 잠을 잤다.

건릉으로 가는 길은 입구부터 깔끔하게 정비되어 있었다. 어제 본 양귀비의 무덤과는 전혀 다른 분위기였다. 아울러 이른 아침인데도 건릉으로 가는 사람들이 적지 않았다. 이 역시 하루 종일 찾아오는 사람 없었던 양귀비의 무덤과는 다른 모습이었다. 무덤 입구에 무덤을 설명하는 간판이 있었다. 이 무덤은 측천무후가 그녀의 남편인 고종이 죽은 뒤 즉위하면서 오랜 기간 동안 조성한 것이다. 그래서 이 무덤은 측천무후와 남편을 합장한 곳이다. 입구에서 무덤까지, 즉 신도(神道)가 1킬로미터이며, 신도 양 옆에는 인간과 동물 석상이 있다. 이 곳의 석상은 고종의 장례식에 참석한 각국의 대상(隊商)이었다. 신도의 끝부분에는 '육 십 일 번신(六十一藩臣)'이라는 61체의 석상이 있었다. 아울러 이곳에는 '무자비(無字碑)'가 있다. 이는 측천무후의 업적이 비석에 새길 수 없을 만큼 많아 그냥 둔 것이라 한다. 치원은 이 구절에서 그녀가 얼마나 오만한지 짐작할 수 있었다.

간판의 설명을 자세히 읽은 후 두 사람은 천천히 신도로 걸어갔다. 치원은 걸어가면서 대체 이곳에 들인 경비가 얼마였을까를 생각했다. 과연 이 무덤을 만드는데 몇 명의 인부가 동원되었으며, 전체 국가 예산 중 몇 할을 사용했을까 궁금했다. 더욱이 무덤을 축조하는 과정에서 적지 않은 사람들이 고통 속에 죽어갔을지도 모른다는 생각에 마음이 아팠다. 그는 어려서 신라 경주에서 사찰을 짓는 과정에서 적지 않은 사람들이 죽었다는 것을 기억했다. 그런 기억 때문에 치원은 어려서부터 누굴 위한 사찰 조성에 대해 회의를 품고 있었다. 신도 주위에는 소나무가 진시황제의 무덤과 마찬가지로 즐비했다. 간혹 측백나무도 보였다. 여름이 깊어가는 탓인지 소나무에서 매미 소리가 자진모리장단으로 울려 퍼졌다. 신도 주위의 대상 조각들도 아주 정교했다. 옷차림은 비슷했지만 각기 다른 표정을 띠고 있었다. 치원은 조각상 옆에 가서 만져보았다. 만든 지 오래지 않은 탓에 마치 석공들의 땀방울이 지워지지 않은 듯 했다. 치원은 석상을 만지면서 과연 이 작업에 참가한 석공이 몇 명인지 궁금했다. 더욱이 이러한 공사를 누가 총 책임을 맡았는지, 석공들은 어디서 왔는지 등 궁금한 게 한둘이 아니었다.

치원은 친구를 의식하지 않고 천천히 생각하면서 걸었다. 진시황제 무덤처럼 건릉의 규모에 다시 놀랐지만, 치원의 머리 속을 떠나지 않았던 것은 측천무후의 등장배경이었다. 그는 고국 신라에서는 골품제 때문에 여왕이 있었지만, 당나라는 신라처럼 골품제 사회가 아닌데도 어떻게 여자황제가 나올 수 있었는지 궁금했다. 친구에게 물었지만 속 시원한 답을 얻지 못했다. 그는 아직 당나라 정치사에 대해 폭넓은 지식을 갖지 못했기에 아무리 생각해도 그럴 듯한 답이 떠오르지 않았다. 그저 나름대로 당나라가 한나라처럼 한족 중심의 유교국가가 아니라 다양한 민족과 이념을 가졌다는 게 이유일지도 모른다고 생각이 들었다. 아울러 혹시 당나라 지배층의 몸에 남녀를 차별하지 않는 유목민의 피가 강하기 때문인지도 모른다는 생각도 했다. 무덤에 도착하니 많은 사람들이 더위 때문에 나무 그늘에 쉬고 있었다. 치원도 작열하는 태양 아래 걸어온지라 사람들이 적은 곳에 가서 더위를 피했다. 친구와 앉아서 위를 쳐다보니 소나무였다. 주위를 살펴보니 역시 소나무가 많았다. 치원은 문득 재미삼아 친구에게 물었다.

"이 나무는 무슨 나무인지 아니?"
"이 정도는 알지. 소나무잖아."

"그러면 소나무 한 묶음은 잎이 몇 개인지 아니?"

"잎을 자세히 본 적이 없어 몇 개인지 잘 모르겠네."

"우리가 말하는 소나무는 잎이 두 개거든."

"그럼, 잎이 두 개 이상도 있니?"

"그럼 있지. 중국 원산인 백송은 잎이 세 개야."

"정말. 너희 나라도 백송이 있니."

"물론 있지. 중국에서 가져온 것이지만 말이야."

"세 개보다 많은 나무도 있니?"

"잣나무가 있지. 잎이 5개거든. 그래서 오엽송이라 부르지. 신라에서 생산하는 잣이 아주 맛이 좋아. 그래서 너희 당나라에서 아주 탐을 내고 있다고 해."

"너 어떻게 나무에 대해 잘 아니."

"잘 모르지. 다만 아버지에게 들은 얘기일 뿐이지. 특히 소나무는 신라 사람들이 아주 좋아하거든."

솔바람 덕분에 더위로 젖은 몸이 한층 시원해졌다. 두 사람은 가져온 음식을 먹었다. 둘은 밥을 먹고 나니 나른해서 잠깐 낮잠을 즐겼다. 일어나니 주위에 많던 사람들이 한 사람도 보이지 않았다. 해도 어느새 서쪽으로 기울고 있었다. 둘은 서둘러 건릉에서 내려왔다. 시간 관계상 건릉에서 다른 곳으로 갈 수 없었다. 부득이 주변에서 하룻밤을 보내야만 했다. 저녁을 먹고 두 사람은 모처럼 밖에 나왔다. 마을 어귀에 정자가 있었다. 둘은 그곳에 올라갔다. 정자 이름이 별을 바라본다는 첨성정(瞻星亭)이었다. 하늘을 바라보니 무수히 많은 별들이 떠 있었다. 치원은 별을 보면서 고국 땅의 부모님을 생각했다. 부모님을 생각하니 불현듯 여행 기간 동안 잊고 있었던 과거시험의 합격 여부가 걱정이었다. 그런 걱정을 잊기 위해 여행을 왔지만 여전히 마음 한구석엔 걱정이 남아있었던 것이다. 고운도 걱정스러운 건 마찬가지였다. 게다가 몸도 여간 피곤한 게 아니었다. 집 떠나면 고생이란 말이 실감났다. 예상보다 경비도 많이 사용해버렸다. 그래서 두 사람은 일정을 앞당겨 집으로 돌아가는 게 좋다는 결론을 내렸다. 좀 아쉽긴 했지만, 합격 후에라도 기회를 만들자고 약속하면서 다음 날 아침 일찍 집으로 돌아왔다.

합격자 발표 날 : 장원급제

집으로 돌아온 치원은 여독 때문에 한바탕 몸살을 겪어야만 했다. 일생동안 한 번도 그런 여행을 해보지 못한 치원으로서는 당연한 몸살인지도 모른다. 치원은 몇 칠 간 방안에 누워만 있자니 무척 힘들었지만 그냥 아무것도 하지 않고 누워만 있는 것도 나쁘지 않았다. 이제 언제 이런 시간을 가질 수 있을까 생각하니 행복이 밀물처럼 다가왔다.

합격자 발표일도 점점 다가오고 있었다. 발표일이 다가올수록 초조감은 높아갔다. 발표일 까지 손에 잡히지 않았다. 온갖 방법으로 마음을 안정시키려 했지만 헛수고였다. 그냥 빈둥빈둥 하루를 영양가 없이 삼킬 수밖에 없었다. 여행 다녀온 지 여독이 완전히 풀릴 즈음 발표 날이 다가왔다. 치원은 친구와 함께 이른 아침 발표장으로 달려갔다. 최치원이 과거에 급제한 시기에 대해서도 논란이 남아 있다. 『삼국사기』에는 경문왕 14년 9월로 나와 있지만, 『구당서(舊唐書)』에 의하면 7월 이전으로 보아야 한다는 주장도 있다.

벌써 많은 사람들이 먼저 와 있었다. 발표장 앞에는 발 디딜 틈도 없었다. 시간에 맞춰 방에 합격자 명단이 붙었다. 서로 먼저 보려는 사람들 때문에 방 앞은 아주 혼란스러웠다. 그러나 치원과 친구는 온 힘을 다해 방 앞으로 다가가서 자신들의 이름을 확인했다. 치원은 방의 이름을 확인하는 순간, 갑자기 숨을 쉴 수 없었다. 마치 심장이 멎는 기분이었다. 그 순간 주위의 모든 소리도 들리지 않았다. 우주가 온통 멈추는 기분이었다. 그러나 치원은 믿을 수 없었다. 다시 눈을 크게 뜨고 합격자 명단을 보았다. 분명 다시 봐도 처음 본 그대로였다. 옆에 있던 친구에게 자신의 이름을 확인해줄 것을 부탁했다. 그때서야 친구 고운도 옆에 치원이 있다는 것을 알았다. 치원은 친구의 합격은 안중에도 없었다. 그저 자신의 합격에만 관심이 있었다. 더욱이 자신이 본 합격자 명단이 그냥 단순히 합격이 아니라 아주 엄청난 것이었기 때문이었다. 고운도 치원의 행동이 좀 이상했지만, 그저 자신처럼 합격여부를 다시 확인해달라는 것쯤으로 생각했다. 그런데 고운은 합격자 명단을 다시 확인하는 순간, 잠시 심장이 멎는 듯 했다. 조금 전 자신의 이름을 확인할 때까지만 해도 치원의 이름조차 눈에 들어오지 않았다. 다만 자신의 이름만 눈에 들어왔을 뿐이었다.

그러데 지금 보니 치원의 이름이 들어왔을 뿐 아니라 다른 합격자와 다른 곳에 이름이 있었다. 고운이 치원을 쳐다보니, 그는 자신의 이름이 있는 곳을 뚫어지라 바라보고 있었다. 그 때서야 고운은 조금 전 치원의 이상한 행동을 이해할 수 있었다.

치원은 자신의 합격이 그냥 합격이 아니라 '장원급제'라는 사실에 그저 꿈만 같았다. 그냥 합격도 아니도 장원급제라니, 도저히 믿을 수 없었다. 이 사실을 믿을 수 없기는 친구 고운도 마찬가지였다. 고운은 치원이 자신보다 좋은 성적으로 합격한 사실에 내심 샘이 났지만 내색할 수는 없었다. 그렇다고 시기할 정도는 아니었다. 자신도 당당히 친구와 함께 합격했기 때문이었다. 한편 절친한 친구가 장원급제한 사실이 자랑스러웠다. 두 사람 중 한 사람은 당나라 예부시랑(禮部侍郎) 배찬(裵瓚)이 주시(主試)한 시험에 장원 급제했고, 한 사람은 우수한 성적으로 합격했다. 게다가 두 사람 모두 한 번의 시험에 붙었다. 참 대단한 사람들이다. 그러나 난 한 번도 1차 시험에 합격하지 못했다. 하물며 운전면허시험 필기조차도 두 번째 합격했다. 그러니 어찌 6년 동안 준비해서 단 한 번에 붙은 최치원의 합격을 존경하지 않을 수 있겠는가? 과연 이 세상에 시험에 단 한 번에 합격한 사람이 도대체 몇 명일까?

치원의 합격이 갖는 의미를 잘 모르는 사람들은 『문헌통고(文獻通考)』에서 언급하고 있는 "명경과는 30살에 합격해도 나이가 많고, 진사과는 50살에 합격해도 젊다"는 구절만으로도 충분히 이해할 수 있을 것이다. 진사과는 중앙에 올라온 3,000여 명 중 겨우 수 십 명에 불과했다. 당 고종 초까지 명경과도 진사과처럼 존중했다. 특히 명경과에는 문벌귀족의 자제들이 다수 응시하여 명경출신 재상도 몇 사람 나왔다. 그러나 남북조 이래 '귀족은 문학, 귀족 밑의 한인(寒人)은 경학(經學)'이라는 전통이 당대에도 이어져 귀족은 시문에 큰 관심을 가지고 있었다. 따라서 경학은 가난한 선비의 주업(主業)이었으며, 경학 전문가인 박사와 조교도 등급이 낮아 대우를 제대로 받지 못했다. 특히 측천무후가 정권을 장악하면서 시문위주의 진사과를 우대함에 따라 진사과에 응시하는 사람들이 날로 늘어났다. 따라서 진사과 합격은 모든 지식인의 꿈이었다. 시부(詩賦) 중심의 진사과는 박학을 기초로 창의력을 발휘해야 하기 때문에 종합적인 학력평가로 인식되면서 더욱 각광받았다.

치원과 고운은 저녁에 다시 만나기로 하고 각자 집으로 돌아갔다. 치원이 집에 도착하자 주인 식구들이 모두 문 앞에 나와 있었다. 그들은 치원이 달려오자 웃으면서 반갑게 맞이했다. 그들은 치원의 모습에서 합격 사실을 알았기 때문이다. 치원은 주인에게 큰 절을 올렸다. 그는 그 동안 자신을 보살펴 준 주인에게 감사의 인사를 전했다. 그러나 치원은 인사를 올리고 나서야 장원급제 사실을 말씀드렸다. 이 얘길 듣자 주인 식구들은 기뻐 어쩔 줄을 몰랐다. 자신의 집에서 장원급제자가 나왔다는 사실을 믿을 수 없는 듯, 서로 얼굴을 쳐다보았다. 이날 저녁은 정말 진수성찬이었다. 주인은 치원을 위해 모든 정성을 다하는 듯 했다.

저녁을 먹고 한참 있으니 친구 고운이 도착했다. 둘은 오랜만에 술을 먹기로 했다. 그 동안 시험공부에 몰두하느라 둘은 술을 거의 마시지 않았다. 늘 공부하면서 둘이 합격하는 날 마음껏 마시자고 약속했다. 바로 오늘이 그날이었다. 치원의 주인이 두 사람의 마음을 미리 알고 있었다는 듯이 술상을 가져왔다. 하늘엔 초승달이 떠 있었다. 치원과 고운은 서로 술잔에 술을 따르고 건배했다. 정말 감개무량한 순간이었다. 두 사람은 빠르게 술을 주거니 받거니 했다. 두 사람은 취기가 돌았다. 고운이 치원에게

"자네. 장원급제를 다시 한 번 축하해. 그러니 오늘 저녁 술 관련 시나 한 수 읊어보게."

"좋지. 자네의 합격도 축하할 겸 술 관련 시 한수 읊지."

"두 사람이 술을 마주 드니 산꽃이 핀다(兩人對酌山花開)
한 잔 한 잔 다시 또 한 잔(一杯一杯復一杯)
나는 취해 잠들려니 그대는 돌아가게(我醉欲眠卿且去)
내일 아침에 또 생각나거든 거문고 갖고 오게나(明朝又意抱琴來)"

"아니, 그 시는 이태백의 「산중여유인대작(山中與幽人對酌)아닌가?」"

"그렇지. 이 시를 자네가 모를 리 없겠지."

"그럼, 자네도 화답 시 한수 읊어야겠지."

"그래야지. 오늘같이 좋은 날, 어찌 시 한수 없겠는가?

"그대는 아는가?(君不見)

황하의 저 물이 하늘에서 내려와(黃河之水天上來)

바다로 치달려 다시 하늘로 돌아가지 못한걸(奔流到海不復回)

그대는 아는가?(君不見)

고당의 노인이 거울 앞에서 백발을 보고 탄식하기를(高堂明鏡悲白髮)

아침만 해도 푸르던 머리가 저물자 흰 눈이라니(朝如青絲暮成雪)

인생에서 뜻을 얻었거든 마음껏 즐겨야지(人生得意須盡歡)

황금 같은 술동이로 하여금 달을 대함에 공허하게 하지 말아야지(莫使金樽空對月)

하늘이 나를 세상에 보냈을 때 필히 쓸모가 있겠거늘(天生我材必有用)

천금인들 아까우랴? 다 쓰면 또 벌리리니(千金散盡還復來)

양을 삶고 소를 잡아 마음껏 즐기세(烹羊宰牛且爲樂)

한번 모임에 잔을 잡았거든 삼백 잔은 비워야지(會須一飮三百杯)

잠 선생! 단구 형!(岑夫子丹邱生)

들게나 들게 멈추지 말고 드시게(將進酒杯莫停)

내 그대 위해 한 곡조 부르리니(與君歌一曲)

그대 귀 기울여 보시게나(請君爲我傾耳聽)

아름다운 음악, 진귀한 안주 그게 무슨 소용 있겠나(鐘鼓饌玉不足貴)

다만 오래도록 취하매 깰 필요가 없음이지(但願長醉不用醒)

예부터 성현이란 다들 쓸쓸해서(古來聖賢皆寂寞)

오직 술 마실 줄 아는 자만이 그 이름을 굳게 지켜 변하지 아니하리(惟有飮者留其名)

진왕도 석년에 평락사에서 잔치나 벌이고(陳王昔時宴平樂)

값비싼 말술에 환희와 희롱함으로 마음껏 즐기지 아니했나?(斗酒十千恣歡謔)

주인 되는 사람이 잔돈푼이 없어서야 어찌 말이 되겠는가?(主人何爲言小錢)

얼른 술을 대령하여 그대와 대작하리라(徑須沽取對君酌)

오색 빛 찬란한 말, 천금의 가죽옷 무슨 소용이리오(五花馬千金裘)

동자 불러 맛있는 술과 바꾸어다가(呼兒將出換美酒)

그대와 더불어 만고의 시름 다 사르세(與爾同銷萬古愁)”

치원은 친구가 읊고 있는 시에 취한 듯 지그시 눈을 감고 음미했다. 친구 역시 시를 다 읊고 나서도 한참동안 말없이 하늘을 쳐다보았다.

“자네, 이태백의 「장진주(將進酒)를 읊었네 그려.」

“그래. 정말 장중한 시가 아닌가. 술 마시면서 이 시를 읊지 않으면 술 맛이 없지 않겠는가?”

“그런데 좀 쓸쓸하네 그려.”

“그렇지. 많이 쓸쓸하지. 그런데 인생은 이런 게 아닐까?”

“이 사람아. 인생 다 산 것처럼 얘기 하네.”

"그런가! 그냥 어른 흉내 좀 내본 게지."

치원은 친구가 읊은 「장진주」를 듣고 난 후 갑자기 일어나 큰 절을 올렸다. 친구가 갑작스런 친구의 행동에 놀라,

"치원이, 갑자기 어디에 절 하니?"

"고향에 계신 부모님께 절하는 거야."

두 사람은 초승달이 질 때까지 마시다가 새벽에서야 방에 들어가 잤다. 일어나니 점심때였다. 두 사람은 서로의 얼굴을 쳐다보았다. 자고 나니 둘은 예전의 친구 사이가 아니었다. 그들은 이제 같은 해 과거에 합격한 '동년(同年)'이었다. 같은 해 진사에 합격한 친구는 부모 형제만큼 소중한 사람이다. 당나라에서 진사는 어지간한 청탁까지 먹혀들 만큼 위력을 지니고 있었기 때문이다. 그러니 그런 친구를 둔 것만으로도 그 어떤 재산보다 소중했다. 치원의 주인이 그를 그렇게 극진하게 대접한 것도 바로 진사가 갖는 위력과 무관하지 않았다.

치원은 친구가 집으로 돌아간 후, 장안에서 활동하고 있는 신라 상인을 불러 자신의 합격 소식을 전했다.

5 황소의 난과 최치원의 명성

숨고르기 : 낙양생활

합격 후 치원은 한동안 마음이 들떠있었다. 몇 칠 동안 자신의 장원 급제가 현실로 다가오지 않았다. 그저 꿈만 같았다. 그러나 시간이 지나면서 합격이 모든 것을 해결해주지 않는다는 것을 알았다. 특히 그는 자신이 중국인이 아니라 신라의 유학생임을 잠시 잊고 있었다. 한 동안 그에게 그 어떤 벼슬도 내려오지 않았다. 치원은 낙담했다. 아버지의 말씀대로 열심히 공부해서 과거에 합격만 하면 모든 게 탄탄대로인줄 알았지만, 현실은 그렇지 않았다. 그러나 외국에서 어떻게 할 수도 없는 노릇이었다. 피할 수 없다면 즐기라는 말처럼 치원은 낙담만 하지 않고 할 수 있는 일을 찾아 나섰다. 그가 찾은 것은 여행이었다. 치원은 한 나라의 역사를 알려면 반드시 직접 눈으로 보는 것 이상 좋은 공부가 없다는 것을 사마천의 『사기』를 읽고 깨달은 바 있었다. 이런 생각은 지난번 친구와 함께 장안을 다녀온 후 더욱 확고해졌다.

치원은 낙양(洛陽)에 가기로 작정했다. 그가 낙양을 선택한 것은 그 동안 장안에서 6년간 지냈으니 다른 곳을 보고 싶기도 했지만, 낙양이 갖는 역사적인 의미 때문이었다. 전국시대에 처음 붙여진 낙양은 도시가 낙수(洛水)의 북쪽에 있기 때문에 붙인 것이다. 낙양의 옛 이름은 낙읍(洛邑)이다. 주나라 성왕시절 주공(周公)이 낙읍을 다스려 성주(成周)라 불렀다. 이곳은 중국 역사상 최치원 이전에 7국, 즉 동주(東周), 동한(東漢), 조위(曹魏), 서진(西晉), 북위(北魏:효문제 이후), 수(隋:양제), 당(武侯)의 수도일 만큼 고도(古都)였다. 치원은 장안과 신라처럼 고도인 낙양을 보고 싶었다. 치원이 다른 곳보다 낙양에 관심을 가진 것은 이곳이 신라처럼 불교 유적지를 보고 싶었기 때문이다. 그는 이곳의 불교 유적지를 통해 신라의 불교와 비교하고 싶었던 것이다. 특히 그가 낙양에서 보고 싶었던 것은 가사협(賈思勰)의 『제민요술(齊民要術)』, 역도원(酈道元)의 『수경주(水經注)』와 더불어 북위시대 3대 걸작으로 꼽히는 『낙양가람기(洛陽伽藍記)』에 등장하는 사찰이었다. 그는 정말 『낙양가람기』에 등장하는 사찰이 지금도 남아 있는지 궁금했다.

2년 동안 그는 동도(東都)인 낙양에서 보냈다. 그가 낙양에서 처음 찾은 곳은 낙양성 안의 영녕사(永寧寺)였다. 외국에서 바친 불경과 불상이 모두 이 절에 있었다. 절의 담은 모두 짧은 서까래를 얹고, 기와를 덮어서 마치 궁궐 같았다. 절의 네 문 밖에는 회화나무를 심었다. 낙양의 행인들이 이 회화나무 밑에서 쉬었다. 그런 탓에 길에는 먼지가 날지 않았으며, 습한 기운의 구름도 없었기 때문에 더운 여름에는 부채마저 필요 없을 정도였다. 치원이 낙양에서 가장 먼저 이 절을 찾은 것은 두 가지 이유 때문이었다. 하나는 절 안의 사도부(司徒府) 남쪽에 국자학당(國子學堂) 때문이었다. 국자학당 안에는 공자상이 있었다. 게다가 공자상 옆에는 '인(仁)'에 대해 물은 안연의 상

(像)과 정치에 대해 물은 자로의 상이 있었다. 그는 공자상 앞에서 공자의 사상인 인을 어떻게 실천할 수 있는지를 생각했다. 더욱이 과연 자신이 배운 유학을 고국의 불교 사회에 돌아가 어떻게 활용할 지를 고민했다. 또 다른 이유는 영녕사 내에 9층 목탑의 흔적을 보고 싶었기 때문이다. 『낙양가람기』에 의하면, 구층탑의 높이는 구십 장이었으며, 탑 위에는 십 장 정도의 금찰(金刹)이 있었다. 따라서 이 탑은 낙양의 백리 밖에서도 보일 만큼 높았다.

치원은 이러한 탑이 아직 남아 있는지 궁금했다. 그러나 직접 가보니 탑은 보이지 않았다. 스님에게 물어보니 탑은 영희 3년(534)년에 불타버렸다. 불이나자 효무제가 능운대(凌雲臺)에 올라 불 난 곳을 바라보면서 남양왕(南陽王) 보거(寶炬)와 녹상서사(錄尙書事) 장손치(長孫稚)에게 우림군(羽林軍)에게 천 명을 이끌고 불을 끄게 한 후 매우 슬퍼하여 눈물을 흘리면서 떠났다. 처음에 불은 동이 틀 무렵 탑의 여덟 번째 층에서 크게 일어났지만, 그 때는 번개가 치며 비가 내려 매우 어두웠고, 싸라기눈도 섞여 내렸다. 승려와 백성들이 모두 와서 불을 구경했다. 슬퍼하는 소리가 낙양에 진동했다. 이 때 세 명의 비구가 불을 끄다가 죽었다. 불은 3월까지도 꺼지지 않았다. 불은 땅속으로 들어가 기둥을 다 태우고 한 해가 지나도록 연기가 났다. 치원은 사라진 9층 목탑을 보면서 고국 신라의 황룡사9층 목탑을 생각했다. 어린 시절 황룡사 9층 목탑에서 여자 친구와 뛰놀던 기억이 새록새록 돋아났다. 갑자기 그 여자 친구가 어떻게 사는 지 궁금했다. 이런 저런 생각으로 고개를 들어 서쪽을 바라보니 또 하나의 절이 눈에 들어왔다. 천천히 그 쪽으로 걸어가니 경락사(景樂寺)였다.

그는 북위 효문제의 다섯 째 아들인 문헌왕(文獻王)이 세운 경락사를 구경하다가 의정리의 북문 밖에서 가지가 무성한 몇 그루의 뽕나무를 보았다. 장안에서 보았던 뽕나무를 보니 무척 반가웠다. 그런데 이 뽕나무에는 우물이 있었다. 그곳을 지나가는 사람들이 빠짐없이 물을 마시면서 지나갔다. 치원은 물이 얼마나 맛있기에 지나가는 사람마다 물을 마시는지 궁금해서 가서 직접 마셔보았다. 지금까지 마신 물 중 가장 맛이 좋았다. 그는 내시들이 세운 소의니사(昭儀尼寺) 연못 서남쪽 원회사(願會寺) 불당 앞에서도 뽕나무 그루터기를 발견했다. 신라에서는 보기 드문 광경이었다. 치원은 이곳의 뽕나무가 왜 사라졌는지 무척 궁금했다. 지나가는 스님에게 물어보았다. 스님은 한참동안 망설이다가 전해오는 얘길 했다.

"이곳 불당의 뽕나무는 일반 뽕나무와 달리 줄기가 5척 높이로 뻗어 있었습니다. 가지는 옆으로 둥그렇게 둘러 있었고, 잎은 옆으로 펴져 있어 마치 새 깃털을 장식한 마차 덮개 같았어요. 더욱이 다섯 층을 이룬 가지마다 잎과 오디가 달랐다고 해요. 그래서 낙양의 모든 사람들이 이 뽕나무를 신령스러운 뽕나무, 즉 신상(神桑)이라 불렀답니다. 당연히 이런 신령스러운 나무에 보시하는 사람들이 많았겠지요. 그러나 효무제는 그것을 듣고 백성들을 현혹시킨다고 생각하여 좋아하지 않았답니다. 급기야 효무제는 신하를 시켜 나무를 베어버렸지요. 그러나 나무를 베던 그날 구름과 안개가 낙양을 뒤덮어 암흑처럼 변했고, 도끼를 내리친 곳에서는 피가 땅으로 흘러나왔다고 해요. 그 광경을 본 사람들이 모두 울었답니다."

스님의 말씀을 듣고 뽕나무 그루터기를 다시 보니 마치 핏자국이 남아 있는 듯했다.

치원은 발걸음을 성의 남쪽에 위치한 백마사(白馬寺)로 옮겼다. 이 절은 한나라 명제 때 만들었다. 치원이 이 절을 찾은 것은 절의 이름도 흥미로웠지만, 소문으로만 듣던 탑 앞의 석류와 포도가 아직도 남아 있는지 궁금했기 때문이다. 명제의 꿈에 금빛 몸을 한 1장 6척의 신인이 나타났다. 목에는 해와 달의 밝은 빛이 있었다. 호인(胡人)들이 부처라 불렀다. 사신을 서역으로 보냈더니 불경과 불상을 구해왔다. 당시 흰말이 불경을 싣고 왔기 때문에 절의 이름을 백마사라 불렀다. 탑 앞에는 복숭아와 포도가 있었다. 그런데 다른 나무와 달리 가지와 잎이 무성하게 늘어져 열매도 매우 컸다. 석류는 무게가 일곱 근이었고, 포도 열매는 대추보다 컸다. 모두 맛이 아주 좋아서 낙양에서 제일이었다. 명제는 열매가 익을 때마다 와서 그것을 따 먹고, 궁인들에게 나눠주기도 했다. 그것을 얻은 궁인들은 특이한 맛이라 생각하여 친척들에게 보냈다. 그것을 얻은 자들은 감히 먹지 못하고 여러 집을 거쳤다. 낙양에서는 다음과 같은 말이 떠돌았다.

"백마사의 달콤한 석류, 열매하나 소 한 마리 값."

치원은 혹시 탑 앞의 나무가 있는지 궁금해서 절에 들어가자마자 찾았다. 그러나 그곳에는 나무 한 그루 없었다. 다만 파초 한 그루만 자라고 있었다.

치원은 몇 칠 간 사찰만 구경했다. 사찰만 구경하다보니 지겹기도 했고, 중국에 와서 꼭 가보고 싶다는 생각을 한 번도 지우지 않았던 용문석굴을 찾아 나섰다. 낙양 중심지에서 13킬로미터 정도 떨어진 곳에 위치한 용문석굴은 이수(伊水)의 양쪽 벼랑 끝에 뚫은 석굴이다. 동한(東漢)시기에 사용한 용문은 춘추천국시대에는 궐문(闕門), 즉 수도 낙양을 지키는 남쪽 대궐이었다. 아울러 강의 이름이 이수라서 '이궐(伊闕)'이라 부르기도 했다. 용문석굴은 북위가 낙양으로 옮긴 뒤 조성한 것이었다. 용문은 돌이 단단해서 조각하기에 적합한 곳이었다. 이 점이 돈황과 다른 점이다. 돈황은 돌이 잘 깨어져 석불을 만들 수 없었다. 그래서 대신 벽화를 그리고 다른 곳에서 불상을 만들어 왔다. 용문은 돌에다 그냥 불상을 만들 수 있었기 때문에 돈황처럼 현란한 벽화가 없다. 돈황이 중국 회화의 보고라면 용문은 중국 조각의 보고이다.

북위 효문제가 수도를 낙양으로 옮긴 것은 '용무(用武) 땅' 평성에서 왕권을 강화할 수 없었기 때문이다. 효문제는 천도를 통해 호족풍의 '무' 정치에서 한족 풍의 '문' 정치로 변화시키려 했다. 그러나 효문제의 이 같은 정책을 유목적인 기질의 포기한 것으로 평가하면 곤란하다. 치원은 용문석굴에서 도착한 후, 먼저 가장 오래된 고양동(古陽洞)으로 들어갔다. 이동굴은 귀족들이 발원해 공예가들이 만들었기에 동굴 안에는 작은 감실들이 빈틈없이 차있었다. 치원은 줄지어 나란히 가부좌 자세로 조각된 보살상들을 보면서 신라의 불상을 생각했다. 치원은 장안에서 느낀 것처럼 도대체 이렇게 많은 불상들을 만드는데 몇 사람이 동원되었으며, 얼마나 많은 돈이 들었는지 궁금했다. 글씨에 관심이 많았던 치원은 고양동 동굴안의 수많은 글씨를 찬찬히 들여다보았다. 그는 당나라 명필 중 한 사람인 저수량(褚遂良)이 쓴 「이궐불감비(伊闕佛龕碑)」를 보았다. 641년에 세워진 이 비의 글씨는 마치 동진시대의 왕휘지의 글씨가 살아 환생한 듯 했다.

치원은 만불동(萬佛洞)으로 갔다. 실제 이곳에는 1만 5천개의 불상이 있었다. 치원은 석굴의 남북 쪽 벽의 불상을 보면서 숨이 막힐 것만 같았다. 왜 중국 사람들은 이렇게 많은 불상을 만들었을까? 치원은 정신병자가 아니고서야 이렇게 많은 불상을 만들 수 없다고 생각했다. 신라에서도 많은 불상을 보았지만, 중국에서 이렇게 많은 불상을 보니 경건한 마음이 들지 않고 짜증이 났다. 경건한 신앙심이 생기는 게 아니라 진한 권력 냄새가 진동했다. 치원은 마음속에 얼마간의 분노가 일어났지만 어쩔 수도 없었다. 마음을 진정시킨 후 치원은 이 동굴에서 가장 규모가 큰 봉선사로 갔다. 당 고종 때 완성한 이 절은 나무로 만들었다. 그는 중앙의 비로자나불을 향해 기도했다. 치원은 참으로 오랜만에 기도를 올렸다. 오늘은 자신을 위해 기도를 했다. 일설에는 측천무후를 닮았다고 한다. 측천무후가 용문석굴 조성에 최대 후원자였기 때문에 생긴 말일 것이다. 그러나 치원의 눈에는 고향에 계신 어머니를 닮았다.

중국의 황제들은 경쟁적으로 석굴을 조성했다. 불교에 기대지 않고서는 정치를 할 수 없었나보다. 그러나 세월이 흐르면서 불상을 만들 공간이 부족했다. 당 현종은 부득이 동산(東山)에 석굴을 만들었다. 치원은 서산(西山)의 석굴을 본 후 동산으로 갔다. 그가 특별히 서산에 간 이유가 있다. 이곳이 바로 향산(香山)이었기 때문이다. 치원이 향산에 관심을 가진 것은 동산의 다른 이름이기도 했지만, 존경해 마지않던 백거이(白居易)의 호이기도 했기 때문이었다. 백거이, 즉 백낙천은 이곳에서 18년이란 세월을 보낸 사람이다. 그는 향산사의 경장(經藏:절에서 대장경을 넣어두는 집)을 늘려 지을 만큼 이곳을 사랑한 사람이다. 그래서 그는 이곳에서 75세의 나이로 죽었다. 치원은 백거이의 무덤도 찾았다. 그의 무덤은 비파처럼 생겼다.

치원은 낙양의 마지막 여행지로 숭산을 선택했다. 그가 숭산을 마지막 여행지로 잡은 것은 단순히 이곳이 선종(禪宗)의 발상지이기 때문만이 아니었다. 그는 앞으로 자신이 해야 할 일이 무엇인지 달마굴에서 생각할 시간을 갖고 싶었던 것이다. 중국 오악 중 중악에 해당하는 숭산은 산줄기가 둘 갈래이다. 한 갈래는 태실산(太室山)이고, 다른 하나는 소실산(少室山)이다. 전설에 따르면 하나라의 시조인 우임금은 두 아내 중 한 사람은 태실산에, 다른 한 사람은 소실산에 두었다. 이곳의 소림사는 495년 북위 효문제가 인도의 승려 발타를 위해 세운 것이다. 이곳이 선종의 발상지인 까닭은 중국 선종의 시조인 인도의 달마가 머물렀기 때문이다.

소림사에 도착하니 향냄새가 진동했다. 뭔가 기도하는 사람들이 적지 않았다. 치원도 간단히 기도를 올렸다. 저녁 예불을 마친 후 치원은 주지 스님을 찾아가 자초지종을 말씀드린 후 동굴로 들어갔다. 동굴은 깜깜했다. 달마가 이곳에서 9년 동안 면벽했다는 생각에 마음이 다소 편안해졌다. 치원은 두려움을 떨치기 위해 달마가 있다는 생각을 했다. 치원은 이곳에서 달마가 무엇을 깨달았는지 생각하기 시작했다. 과연 9년 동안 깨달은 게 무엇인지 궁금했다. 왜 인간은 동굴에 들어가서 깨달아야만 하는지도 궁금했다. 밤이 깊어가자 바람소리도 들리지 않았다. 새벽녘에는 육체가 사라지고 영혼만 남는 듯 했다. 치원은 처음으로 아무것도 보이지 않은 동굴에서 오로지 자신만 바라보는 시간을 가졌다. 그는 몇 칠 동안 아무것도 먹지 않고 달마대사가 했던 것처럼 가부좌를 틀고 벽만 바라보면서 생각했다. 그는 왜 자신이 중국에 왔으며, 지금 왜 중국에 남아 이곳저곳을 돌아다녀야 하는지 물었다. 치열하게 자신을 돌아보니 정신이 정말 맑았다. 치원은 난생처럼 '행복'을 만끽했다. 그는 용문에 와서 1,367 개의 불상을 모두 보지 못했지만, 자신이 누구인지 보았다. 그는 낙양을 여행하면서 부(賦) 5수, 시 100수, 잡시부(雜詩賦) 30수를 지었다.

첫 관직 생활과 재충전

치원이 합격한 지 2년 만에 관직을 맡았다. 그의 나이 20세였다. 그가 처음 맡은 관직은 율수현위(溧水縣尉)였다. 율수현은 당시 강남서도(江南西道) 선주(宣州) 관할이었다. 현재 강소성 강령부에 속한다. 2000년 10월 16일 이 현의 박물관 경내에 선생의 동상이 세워졌다. 치원이 처음 얻은 직책은 상현(上縣)에 2인, 하현(下縣)에 1인을 두는 경찰, 사법을 담당했다. 치원 스스로 밝히고 있듯이 이 직책은 종9품에 해당하는 낮은 관직이었다. 물론 업무 자체는 중요했다. 그러나 업무가 아무리 중요하더라도 직급이 낮으면 큰 힘을 발휘할 수 없었다. 설령 200-300석(石)의 월급 자체가 만족스러웠을 지라도 치원의 눈높이를 만족할만한 직급은 결코 아니었다. 어떤 사람은 치원이 처음 받은 직책이 외국인으로서는 파격적인 대우라 평가한다. 그런데 현위가 외국인에게 파격적인 대우라는 것은 상대적이다. 치원처럼 장원 급제한 사람에게는 현위가 파격적인 대우가 아닐 수도 있다. 얼마 후 치원이 이 직책을 그만 둔 점으로 미루어보면 결코 만족스러운 대우는 아니었다. 그래서 치원은 관직 생활 1년 만에 사직했다. 치원이 사직한 이유는 겉으로 학문에 정진하기 위한 것이지만, 『계원필경』에서 볼 수 있듯이 자칫 하위 관직에 안주하면 자신의 꿈을 펼칠 수 없다는 위기의식 때문이었다.

"나는 덩굴처럼 누구에게 붙어사느니, 거미가 줄을 치듯 제힘으로 생계를 꾸려나가고자 한다. 수 없이 생각해 봐도 학문하는 것만 못하다. 평생에 애써 노력한 것이 오히려 헛될까 두려워서 벼슬길의 진흙탕에 다투어 뛰어들지 않고 다만 유교의 도를 좇았다. 그러므로 처음 벼슬해서도 진토를 싫어하고, 거처할 데를 고르는데 산천을 그리워하니, 속세의 요로와

교통하는 데는 눈길을 준 일이 없고, 물외의 청산과 녹수에 돌아갈 때만 꿈꾸었다."

직장을 잡기도 어렵지만 직장을 그만 두는 것도 엄청난 용기가 필요하다. 특히 이국 만 리 외국에서 처음으로 얻은 관직을 그만둔다는 것은 정말 어려운 결정이다. 살면서 이런 결정을 하기란 결코 쉽지 않다. 그런데도 치원이 과감하게 첫 관직을 그만 둔 것은 무엇보다도 자신감 때문이었을 것이다. 자신감도 없이, 아무 대책도 없이 무작정 관직을 그만두는 것은 죽음과 같기 때문이다. 모든 인간은 자포자기하지 않는 한, 생존 방법을 마련하지 않고 삶을 포기하는 법은 없다.

치원은 남이 보란 듯이 직장을 그만두었다. 주위 사람들 중에는 용기 있는 결단이라 칭찬하기도 했지만, 대부분 오만한 판단이라면서 비난했다. 치원은 애초부터 그런 평판에 관심을 두지 않았다. 그러나 이곳저곳을 다니면서 시작(詩作) 활동으로 즐거웠지만, 마음 한 구석엔 불안감도 없지 않았다. 왜냐하면 무한정 산천을 다니면서 살 수는 없었기 때문이다. 가장 걱정스러웠던 것은 산천을 마음대로 다니면서 활동할 수 있는 재정적인 여력이었다. 벌써 고향에서 돈이 오지 않은지도 꽤 오래였다. 더욱이 고향에서 돈이 오기까지는 시간이 많이 걸렸다. 물론 1년 동안 관직생활하면서 저축한 돈이 없지 않았지만, 들어오지 않는 곡간의 양식은 아주 빠른 속도로 없어지는 법이다.

공부도 먹는 문제가 해결되지 않으면 불가능하다. 관직을 그만둔

치원에게는 시간이 지나면서 당장 먹는 문제가 현실로 다가왔다. 재충전의 기회를 삼아 새로운 도약을 기약하려던 꿈을 펼치기도 전에 현실은 치원을 위기 속으로 밀어 넣었다. 많은 사람들이 위기는 기회의 순간이라 한다. 그러나 위기가 언제나 기회일 수는 없다. 위기를 극복할 수 있는 능력을 갖춘 자만이 기회로 만들 수 있기 때문이다. 치원은 시시각각 자신에게 다가오는 여러 가지 압박 때문에 시 작품에 전념할 수 없었다. 물론 고뇌의 순간이 시를 짓는 데 큰 힘이지만, 그것이 생존의 문제로 다가오면 시를 짓는 자체가 불가능하다. 그 어디에도 기댈 때 없이 자신의 힘만으로 살아가야하는 현실이라면 더더욱 그렇다. 그러나 첫 관직을 그만둔 치원의 선택은 다소 오만스러웠지만, 현실이 생각보다 각박하고, 힘들다는 것을 철저하게 깨닫게 하는 계기였다. 그는 앞으로 알량한 자존심을 지키거나 혼자 고고한 척하기 위해 오만스럽게 선택하지 않을 것을 다짐했다. 그는 앞으로 철저하게 현실을 직시하면서 살길 작심했다. 그는 현실을 무시한 그 어떤 사고와 행동도 무의미하다는 것을 깨달았다. 그는 현실을 무시한 이상이 얼마나 허무한지를 깨달았던 것이다. 치원은 어느 여인숙 골방에서 눈물을 흘리면서 다음과 같이 중얼거렸다.

"집은 멀고 길은 험하다. 한없는 근심이 밤새도록 속을 태우고, 먼 고향소식은 해를 지나도록 막혀 있다."

"벽을 기대 명상에 잠기고자 문을 닫고 고요히 앉아본다. 자리는 차갑고 창 바람은 눈을 헤치며 붓은 말랐는데 벼루 물은 얼음이 되어 있다. 언 베개에 마음이 상하는데 내 짝은 등불에 비치는 외로운 그림자뿐이다. 멀리서 들려오는 다듬이 소리는 나그네의 마음 두근거리게 하여 편안한 잠 이룰 길 없으니, 천만 갈래의 울적함이 쌓인다. 더구나 집은 멀리 해 솟는 곳에 있고 길은 큰 하늘 못을 격해 있는 몸. 객사 들기가 원수보다 싫구나."

운명 : 황소의 난과 고변과의 만남

치원의 운명을 바꾼 것은 황소였다. 치원의 '달콤한' 재충전을 앗아간 사람도 황소였다. 그러나 황소가 치원의 앞길에 갑자기 나타난 것은 아니었다. 치원이 중국에 도착한 순간부터 중국에서는 전과 다른 기운이 일어나고 있었기 때문이다. 치원이 변화하고 있는 당나라 때 유학 온 게 문제라면 문제였다. 변화의 조짐은 현종 때 나타났다. 당 현종(재위:712-756)은 44년 동안 왕위에 있었다. 한 사람이 오랜 기간 동안 왕위에 있다는 것은 표면적으로 나이, 능력 등 여러 조건을 갖추었다는 것을 의미한다. 그러나 한 사람이 지나치게 오랜 기간 동안 왕위에 있으면 물이 고이면 썩듯이 사회 변화를 이끌 수 없다. 당 현종이 천보(天寶)라는 연호를 사용한 해는 육체와 정신 모두 해이한 단계였다. 이러한 현상을 점검할 수 있는 기준이 다름 아닌 권신과 환관의 전횡이다. 검소하기로 이름 난 당 현종의 말년에 사치와 향락에 빠지자 측근인 권신과 환관이 마음대로 정치에 개입했던 것이다.

황소가 난을 일으키기 전에 벌써 안록산과 사사명이 치원의 앞날을 예고하고 있었다.

안록산과 사사명의 난은 당 현종의 애첩인 양귀비를 죽음으로 몰았지만, 당 왕조를 몰락으로까지 몰아넣지는 않았다. 당 왕조의 반란에도 견딜 수 있었던 것은 안록산의 난이 중국 북부만 유린했기 때문이다. 강남 경제가 당나라를 지탱해준 셈이다. 그러나 황소는 안록산과 달랐다. 황소의 난은 안록산의 난이 일어난 지 120년 뒤의 일이지만, 그 동안 당나라의 민심은 크게 개선되지 않았다. 안록산의 난으로 당의 국가질서가 근본적으로 변질했기 때문이었다. 당왕조의 근간은 율령체제였지만, 안록산의 난으로 율령체제에 기초한 균전제가 장원제가 바뀌었다. 또한 징병제인 부병제도 모병제로 바뀌었다. 더욱이 군벌이 득세하면서 귀족제 자체도 흔들렸다. 황제의 자리도 군벌 세력과 환관의 손아귀에 있었다.

황소의 난은 이 당시 여러 난 중의 가장 위력적이었다. 황소의 난 이전에 절동지역의 구보(裘甫)가 이끄는 농민반란, 계림의 방훈(龐薰)이 이끄는 수군(水軍)의 반란이 일어났다. 황소의 난은 치원이 첫 관직에 오르기 2년 전인 874년에 시작했다. 황소의 난은 3여년 만에 끝난 안록산의 난과 달리 10년간 계속되었다. 과연 황소는 어떻게 중국을 유린할 수 있었는가?

한 인간이 기존의 체제에 목숨을 걸고 반기를 들고 일어날 때는 그만한 이유가 있는 법이다. 황소는 어려서부터 무예에 뛰어나고 경사(經史)와 서예에 뛰어났다. 그래서 그는 당나라 과거 시험 중 진사과에 응시했다. 그러나 그는 시험에 번번이 낙방했다. 물론 황소가 시험에 낙방했기 때문에 반란을 일으킨 것은 아니었다. 왜냐하면 황소 외에도 시험에 떨어진 사람이 아주 많았기 때문이다. 황소가 반란을 일으킨 것은 단순히 시험에 떨어진 데 대한 불만이 아니라 자신의 능력을 제대로 평가받지 못했기 때문이었다. 이 세상에서 서러운 것 중 하나는 시험에 낙방하는 것이다. 그러나 많은 사람들이 시험에 떨어졌는데도 난을 일으키지 않는 것은 스스로 능력 부족을 인정하기 때문이다. 만약 그렇지 않을 경우 많은 사람들이 불만을 드러낼 것이고, 그런 사람 중 반란자가 생길 수밖에 없다.

황소는 시험에 떨어진 많은 사람 중 한 사람에 불과했지만, 당시 과거시험은 부패 관료들 때문에 능력 위주의 선발이 불가능했다. 황소는 직접 그런 상황을 목격했다. 그는 돈 없고, 권력 없이는 자신이 원하는 과거시험에 합격할 가능성이 없다는 것을 알았다. 시험에 여러 번 떨어진 그가 선택할 수 있는 길은 별로 없었다. 가난한 자가 꿈 꿀 수 있는 것은 오로지 돈 버는 일이다. 물론 돈 버는 일도 쉬운 게 아니다. 당시 국내에서 가장 쉽게 돈을 벌 수 있는 길은 뭐니 뭐니 해도 소금이었다. 왜 황소는 소금에 손을 댔을까? 소금에 손댄다는 것은 무엇을 의미하는가?

소금(小金)은 글자대로 작은 금이다. 작든 크든 금이라는 사실만으로도 소금이 갖는 의미는 대단하다. 이처럼 소금이 큰 비중을 차지하는 것은 인간이 소금 없이는 살아갈 수 없기 때문이다. 중국의 소금은 신화상의 인물인 황제와 함께 등장한다. 그는 문자와 무기와 운송

기관을 만들었고, 최초의 소금 전쟁을 지휘했다. 중국 최고의 제염소는 산서성 북부에 있었다. 메마른 황토와 황량한 산이 펼쳐진 건조한 이 지역에는 소금호인 운성호(運城湖)가 있다. 이곳의 소금은 끊임없는 전쟁의 원인이었다. 중국의 소금 생산에 대한 최초의 기록은 기원전 800년경이며, 해염(海鹽) 생산과 무역에 관한 기록은 하왕조부터이다. 이들은 바닷물을 오지항아리에 담아서 그것을 끓이고 졸여서 소금 결정으로 만들었다.

처음 소금을 만든 중국인들은 음식에 직접 뿌리지 않았다. 소금은 대개 요리 도중 다양한 양념 형태로 첨가되었다. 왜냐하면 소금이 비쌌기 때문이다. 소금으로 발효시킨 물고기는 고대 중국에서 가장 흔히 사용한 양념이었다. 이것이 이른바 장(醬)이다. 중국이 일찍부터 양어장이 발달한 것도 장과 밀접한 관계가 있다. 맹자도 언급하고 있듯이 장과 물고기는 바늘과 실과 같은 관계였다. 그런데 중국인들은 물고기를 발효시키는 데 콩을 사용했다. 물고기가 재료에서 완전히 사라지면서 장은 장유(醬油), 즉 간장이 생겼다. 이처럼 중국인의 삶에 소금은 필수였다.

중국 정부는 이러한 소금이 갖는 의미를 잘 알고 있었다. 그것이 세입의 원천임을 잘 알고 있었다. 기원전 20세기에 염세에 대한 문서가 발견되었을 정도이다. 한자 염자를 자세히 보면 알 수 있다. 염(鹽)자는 세 부분으로 구성되어 있다. 맨 아래는 그릇을, 왼쪽은 신하를, 오른쪽은 소금을 뜻한다. 이미 전국시대의 『관자(管子)』에서 소금이 나라 경제에 대단히 중요하다는 것을 확인할 수 있다. 전국시대를 마감시킨 진나라는 가격을 조작한 소금과 철의 전매제로 세입을 보충했다. 이는 국가가 역사상 최초로 필수품을 전매한 사례이다. 진나라의 염세 수입은 군대 양성과 방어용 건축물을 건설하는데 사용했다. 그러나 만리장성은 염세에 희생당한 백성들의 목숨을 지켜주지 못했다.

한나라는 진나라보다 나은 정부임을 증명하기 위해 평판이 좋지 않았던 전매제를 금지시켰다. 그러나 기원전 120년에도 병사들은 흉노족을 쫓아내기 위해 여전히 산 속을 훑고 다녔고, 국고는 북쪽 오랑캐들과의 전쟁으로 바닥이 났다. 따라서 한나라 황제 무제는 소금과 철의 전매를 부활시킬 방법을 찾기 위해 제염업자와 제철업자를 고용했고, 4년 후 그는 다시 소금과 철의 전매를 실시했다. 이 이후 소금과 철은 국가의 허락 없이는 사적으로 제조·판매할 수 없었다. 그러나 국가에서 전매하더라도 완전히 막을 수는 없다. 특히 폭리를 취할 수 있는 품목일수록 불법 거래가 성행하는 법이다. 관리들의 부패도 이런 곳에서 생기는 법이다.

황소가 소금에 손을 댄 것도 바로 소금이 갖는 이러한 특징 때문이었다. 이 과정에서 황소는 많은 돈을 벌었다. 당연히 황소가 돈을 벌 수 있었던 것은 정상 거래가 아닌 밀매였다. 그러나 밀매는 혼자서는 불가능하다. 그와 함께 한 사람이 바로 왕선지였다. 왕선지는 황소와 이웃 마을에 살았다. 이 무렵 화북지역에 대흉년이 들었다. 그러나 탐관오리는 대흉년인데도 납세를 독촉했다. 이게 황소와 왕선지가 반란을 일으킨 중요한 계기였다. 왕선지는 정부에서 관직을 주겠다는 유혹에 넘어갔지만, 황소는 끝까지 자신의 길을 갔다. 황소가 이끈

농민군은 전국을 공포의 도가니로 몰아넣었다. 황소는 879년 6월 선주를 공격했다. 선주는 치원이 첫 관직에 있었던 율수의 주도(州都)였다. 이 소식에 치원은 신변의 위험을 느꼈다. 자칫 잘못하다간 중국에서 불귀의 몸이 될지도 모른다는 생각에 등골이 오싹했다. 치원의 심정은 바로 이러했다.

"하늘이 높으니 물을 곳이 없고 날이 저무니 어디로 가야할까? 어디로 향해야 생을 편히 도모할 수 있을까?"

당시 치원의 절박한 심정은 경험하지 않고서는 정확하게 이해할 수 없다. 이국 만 리에서 돈도 떨어지고 오라는 사람 없을 때, 그 심정을 겪지 않고서 어떻게 헤아리겠는가? 황소가 치원을 압박해오는 위기 속에서도 새로운 희망도 서서히 싹트고 있었다. 황소가 선주를 공격하자 황소를 막기 위해 치원의 구세주도 이곳으로 오고 있었기 때문이다. 879년 10월 문인 출신인 고변(高駢)이 진해(鎭海) 절도사(節度使)에서 회남(淮南) 절도사로 전임해 왔기 때문이다. 아울러 고변은 같은 해 12월 동부지방 군총사령관을 겸했다. 고변의 권력은 실로 막강했다. 막강한 권력자는 언제나 똑똑한 참모가 필요한 법이다. 그러나 치원은 고변과 아는 사이도 아니었다. 물론 다급한 나머지 고변에게 자신의 입장을 전달하는 글을 보냈다. 그러나 일면식도 없는 치원을, 그것도 중국인이 아닌 외국인에게 몇 편의 글로 전쟁 중에 중요한 임무를 맡길 수는 없는 일이다. 그런데도 치원이 그의 참모가 될 수 있었던 이유는 무엇일까? 바로 친구 때문이었다. 친구도 그냥 친구가 아닌 진사 시험에 같이 합격한 동년 친구 고운이었다. 그가 고변의 참모로 있었던 것이다. 치원은 절대 절명의 상황에서 친구를 만나리라고는 꿈에도 생각지 못했다. 관직을 그만두고 길을 떠나면서 자신은 고고한 길을 가고, 친구는 그렇지 않다고 생각했던 자신이 정말 부끄러웠다. 고운은 주저 없이 친구 치원을 고변에게 추천했다. 고변도 신뢰하고 있던 참모의 추천인지라 의심하지 않고 바로 치원을 참모로 기용했다. 치원이 맡은 직함은 절도사 직속의 판관(判官), 추관(推官)의 다음 서열인 관역(館驛) 순관(巡官)이었다. 그가 맡은 지역은 절도사 관할지 수도인 양주(揚州)의 외곽도시인 고우우성(高郵盂城)이었다.

치원의 임관은 단순히 새로운 직장이 아니었다. 그건 새로운 생명을 얻은 것과 같았다. 치원의 육성으로 들어보자. “거적을 덮는 설움을 면하고, 물고기와 거북이 물을 만나 갑자기 살아난 것 같다.” 치원은 임명 소식을 듣고 친구를 찾아가 고개 숙여 인사했다. 물론 친구 고운은 치원의 감사 인사에 손사래를 쳤지만, 친구와 함께 일을 할 수 있다는 것만으로도 무척 행복했다. 다시 직장을 얻은 치원은 더 이상 바랄 것이 없었고, 더 이상 출세할 생각도 없었다. 더욱이 그는 낮은 직책이든 높은 직책이든 한 인간이 세상에 태어나 할 일을 갖는 게 얼마나 소중한지 절실하게 깨달았다. 특히 치원은 자신이 가려고 했던 학문의 세계도 먹는 문제를 해결하지 않고서는 한낱 망상에 불과하다는 것도 뼈저리게 느꼈다.

치원을 더욱 행복하게 한 것은 안정적인 공간이었다. 그 동안 시를 쓴 답치고 이곳저곳을 부평초처럼 다니면서 겪은 고초를 생각하면, 한 곳에 머물러 있을 수 있는 공간이 황궁처럼 느껴졌다. 집 없이 골방에서 생활해본 사람은 치원의 심정을 쉽게 짐작할 수 있을 것이다. 다시 직장을 얻은 치원에게 덤으로 능력을 발휘할 수 있는 기회까지 다가오고 있었다. 치원의 능력은 다름 아닌 글 솜씨이다. 새로운 직장을 얻었지만 자신의 글 솜씨를 공개적으로 드러낼 기회는 없었다. 그러나 세상은 능력 있는 자를 그냥 두지 않는 법이다. 기회는 그의 상관인 고변이 태위로 승진하면서 찾아왔다. 태위는 직접 황제에게 자주 상소문을 올려야 할 만큼 중요한 자리였다. 그러나 상소문은 대부분 상소문을 전담하는 참모가 우선 만들고, 최종 책임자가 검토하는 형식을 밟는다. 황제에게 상소문을 올려야하는 위치에 있으면 상소문의 내용 여부에 따라 자신의 관직 여부에도 큰 영향을 받을 수밖에 없다. 따라서 상소문을 잘 작성할 수 있는 사람을 어떻게 선발하느냐가 매우 중요했다. 고변은 주저 않고 치원을 데려가기로 했다. 고변도 이제 외국 출신이면서도 장원 급제한 최치원의 능력을 잘 알고 있었기 때문이다. 그러나 단순히 고변이 치원의 글재주만 믿고 선택한 것은 아니었다. 아무리 글재주가 뛰어나더라도 1급 참모의 충분한 조건은 아니다. 1급 참모는 무엇보다도 신뢰가 중요하다. 아무리 뛰어난 능력을 갖추었더라도 믿을 수 없는 자를 참모로 쓸 수는 없기 때문이다. 고변은 치원을 신뢰하고 있었다. 친구인 고운의 도움도 있었지만, 고변은 치원을 만나 잠깐 동안 대화하면서 신뢰할 수 있는 인물이라 생각했다.

치원은 황소가 낙양을 함락시킨 880년에 배를 타고 고우(高郵)에서 양주 교외 부둣가인 동당(東塘))까지 약 40여 킬로미터를 달려 그곳 군막에서 출정 나온 고변을 만났다. 고변은 치원을 만나자마자 선채로 치원에게 당 희종 황제에게 자신의 임명에 감사하는 글(謝加太尉表)을 부탁할 만큼 성격이 급했다. 치원은 처음엔 고변의 돌발적인 업무 스타일에 당황했다. 첫 업무지시가 그렇게 빨리 떨어질 줄 몰랐던 것이다. 치원은 상관의 지시를 받고 글을 어떻게 쓸지 고민했다. 치원은 첫 작품이 자신의 앞날을 결정하리라는 것을 직감했다. 그는 장고에 장고를 거듭한 끝에 단숨에 글을 완성했다. 치원의 글이 담당자를 통해 고변에게 전달되었다. 고변은 치원의 글을 조심스럽게 펼쳤다. 과연 자신이 믿었던 치원이 어떤 내용으로 글을 썼는지 무척 궁금했다. 그는 치원을 불러올리면서 속으로 첫 작품의 내용을 보면서 신뢰할지 여부를 다시 검토하기로 작정했다. 그는 치원이 쓴 글을 쭉 훑어보았다. 예상대로 명문장이었다. 고변의 입가에 희미한 웃음이 화선지의 먹물처럼 번졌다. 고변은 앞에 서 있는 치원을 향해 다른 사람을 거치지 말고 곧장 자신에게 글을 올리라고 했다. 파격적인 조치였다. 그 만큼 고변이 치원의 첫 글에 만족했던 것이다. 치원이 첫 시험에서 통과하자 고변은 많은 일을 그에게 맡겼다. 치원도 고변의 기대에 부응코자 전심전력했다. 그 덕분에 치원에게 예상치 못한 영광이 기다리고 있었다. 절도사 겸 도통인 고변은 절도사 직속의 순관에서 도통순관으로 승진시켰을 뿐 아니라, 희종 황제에게 특별히 추천하여 승무랑(承務郞), 내홍봉(內供奉)이란 세 가지 직첩과 비어대(緋魚袋)까지 받게 했다.

치원은 이 소식에 몸 둘 바를 몰랐다. 치원 자신도 언급하고 있는 것처럼 이는 분명 '초승(超昇)', 즉 초고속 승진이었기 때문이다. 그의 말대로 이 나라에 벼슬하는 빛나는 젊은 사람들을 볼 때 등용 20-30년에도 남루한 도포를 입는 이가 많거늘, 치원처럼 외국인에게 이런 벼슬은 상상할 수 없을 만큼 파격적인 대우였다. 이는 역으로 치원의 능력이 그만큼 뛰어났다는 점일 테지만, 위기에 처한 당나라에서 외국인을 가릴 틈도 없을 만큼 절박했다는 것을 의미한다. 치원을 더욱 가슴 벅차게 했던 것은 궁궐을 출입할 수 있는 증명서에 해당하는 어대를 받았다는 사실이다. 어대는 금 또는 은으로 장식한 물고기 모양의 물건이다. 관복에 패용하고 궁궐출입증으로도 사용했다. 이것을 주머니[袋]에 넣고 다녔으므로 어대라 했다.

네 이놈, 황소에게 고하노라

때론 글이 칼보다 무섭다. 칼은 감동을 주기 어렵지만, 글은 감동을 준다. 많은 사람들이 최치원을 기억할 때 명문장을 떠올린다. 그 중에서도 이른바 「토황소격문」을 격찬한다. 우리에게 잘 알려진 「토황소격문」은 정확하게 「격황소서(檄黃巢書)」이다. 이 글은 황소가 881년 수도 장안을 점령하는 상황에서 고변의 지시로 쓴 것이다. 황소는 장안을 점령한 후 황제 자리에 올라 국호를 대제(大齊)로, 연호를 금통(金統)이라 정했다. 이 때 희종은 사천으로 도망갔다. 이런 상황에서 당나라의 가장 시급한 문제가 황소를 토벌하는 것이었다. 이에 황소의 토벌을 책임지고 있던 고변이 치원을 시켜 그를 토벌하는 격문을 아래와 같이 작성케 했던 것이다.

「황소에게 보내는 격문」

광명 2년 7월 8일에 제도도통검교태위 모(某)는 황소에게 고하노니, 무릇 바른 것을 지키고 떳떳함을 행하는 것을 도(道)라 하고, 위험한 때를 당하여 변통하는 것을 권(權)이라 한다. 지혜 있는 사람은 시기에 순응하여 성공하고, 어리석은 자는 이치를 거슬러 패하는 법이다. 비록 백년의 수명에 죽고 사는 것은 기약하기 어려우나, 모든 일은 마음으로 옳고 그른 것을 분별할 수 있는 것이다. 이제 내가 왕사(王師)로서 말하면 정벌함은 있으나 싸우지는 않고, 군정(軍政)은 먼저 은혜를 베풀고 베어 죽이는 것은 뒤로 한다. 장차 상경(上京)을 수복하고 진실로 큰 믿음을 펴려고 함에 공경스럽게 가유(嘉諭)를 받들어 간사한 꾀를 쳐부수려고 한다. 또 너는 본래 먼 시골구석의 백성으로 갑자기 억센 도적이 되어, 우연히 시세를 타고 문득 감히 떳떳한 기강을 어지럽게 하며 드디어 불측한 마음을 가지고 신기(神器)를 노리며 성궐을 침범하고 궁궐을 더럽혔으니 이미 죄는 하늘에 닿을 만큼 크다. 반드시 여지없이 패하여 다시 일어나지 못할 것은 분명하다. 애달프다. 요순시대부터 내려오면서 묘와 호 따위가 복종하지 아니하였거늘, 양심 없는 무리와 충의(忠義) 없는 것들이란 바로 너희들의 하는 짓이다. 어느 시대인들 없겠느냐. 멀리는 유요와 왕돈이 진나라를 엿보았고, 가까이는 녹산과 주자가 황가를 시끄럽게 했다. 그들은 모두 손에 막강한 병권(兵權)을 쥐었고 또한 몸이 중요한 지위에 있어서 호령만 떨어지면 우레와 번개가 치닫듯 요란했고, 시끄럽게 떠들면 안개와 연기가 자욱하듯 했지만, 잠깐 동안 못된 짓을 하다가 끝내 그 씨조차 섬멸 당했다. 햇빛이 널리 비침에 어찌 요망한 기운을 마음대로 펴리오. 하늘 그물이 높게 달려 반드시 흉적을 베일진대 하물며 너는 여염집에서 내치고, 농무사이에서 일어나 노략질로 좋은 꾀를 삼고, 살상으로 급무를 삼으니 큰 죄는 탁발할 수 있을 것이요, 작은 선으로 몸을 숨길 수 없느니라. 천하 사람이 모두 너를 죽이려고 생각할 뿐 아니라, 문득 또한 땅 속의 귀신도 벌써 남몰래 베기로 의논했다. 비록 기세를 빌어 혼을 놀게 하나, 일찍이 선을 망치고 넋을 빼앗으리라. 무릇 인사를 이름에 스스로 하는 것만 같지 못하니 내 헛소리 하지 않는다. 너는 자세히 들어라. 요즈음 우리나라에서는 더러운 것을 용납하는, 덕이 깊고 결점을 따지지 않는 은혜가 지중하여 너에게 병권을 주고 또 지방을 맡겼거늘, 오히려 짐새와 같은 독심을 품고 올빼미와 같은 흉악한 소리를 거두지 아니하여 움직이면 사람을 물어뜯고 하는 짓이 개가 주인을 짖는 격이다. 끝내 천자의 덕화를 배반하고 궁궐을 침략하여 공후들은 험한 길로 달아나고, 어가는 먼 지방으로 행차했다. 그런데도 너는 일찌감치 덕의에 돌아올 줄 모르고 다만 흉악한 짓만 늘어가니, 이야말로 천자께서는 너에게 죄를 용서해 준 은혜가 있고, 너는 국가에 은혜를 저버리니 죄가 있을 뿐이니, 반드시 머지않아 죽고 말 것인데, 어찌 하늘을 무서워하지 않느냐. 하물며 주정(周鼎)은 물어 볼 것이 아니요, 한나라 궁궐은 어찌 네가 머무를 곳이랴. 너의 생각은 끝내 어찌하려는 것이냐. 너는 듣지 못하였느냐. 『도덕경』에 "회오리바람은 하루아침을 가지 못하고 소낙비는 온종일을 갈 수 없다." 고 했으니, 하늘의 조화도 오히려 오래 가지 못하거든 하물며 사람의 하는 일이랴. 또 듣지 못했느냐. 『춘추전』에 "하늘이 아직 나쁜 자를 놓아두는 것은 복되게 하려는 것이 아니고 그 죄악이 짙기를 기다려 벌을 내리려는 것이다."고 했다. 지금 너는 간사함을 감추고 흉악함을 숨겨서 죄악이 쌓이고 앙화가 가득했는데도 위험한 것을 편안히 여기고 미혹되어 돌이킬 줄 모르니, 이른바 제비가 막 위에다 집을 짓고 막이 불타오르는데도 제멋대로 날아드는 것과 같고, 물고기가 솥 속에서 너울거리지만 바로 삶아지는 꼴을 당하는 것과 같다. 우리는 뛰어난 군략을 모으고 여러 군사를 규합하여 용맹스런 장수는 구름처럼 날아들고 날랜 군사들은 비 쏟아지듯 모여들어, 높이 휘날리는 깃발은 초새의 바람을 에워싸고 총총히 들어찬 함선은 오강의 물결을 막아 끊었다.

진나라 도태위처럼 적을 쳐부수는 데 날래고, 수나라 양소처럼 엄숙함이 신이라 불릴 만하여, 널리 팔방을 돌아보고 거침없이 만 리를 횡행할 수 있으니 마치 치열한 불꽃을 놓아 기러기 털을 태우고, 태산을 높이 들어 새알을 짓누르는 것과 무엇이 다르랴. 금신이 계절을 맡았고 수백(水伯)이 우리 군사를 환영하는 이 때, 가을바람은 숙살하는 위엄을 도와주고 새벽이슬은 혼잡한 기운을 씻어 주니, 파도는 이미 쉬고 도로는 바로 통했다. 석두성에 뱃줄을 놓으니 손권이 후군이 되었고, 현산에 돛을 내리니 두예가 앞잡이가 되었다. 앞으로 서울을 수복하기는 늦어도 한 달이면 충분하겠지만, 살리기를 좋아하고 죽이기를 싫어하는 것은 하늘의 깊으신 덕화요, 법을 늦추고 은혜를 펴려는 것은 국가의 좋은 제도이다. 국가의 도적을 토벌하는 데는 사적인 원한을 생각지 아니 해야 하고 어두운 길에 헤매는 이를 깨우쳐 주는 데서 바른 말이라야 하는 법이다. 그러므로 나의 한 장 글을 날려서 너의 급한 사정을 풀어 주려는 바이니, 미련한 고집을 부리지 말고 일찍이 기회를 보아 자신의 선후책을 세우고 과거의 잘못을 고치도록 하라. 만일 땅을 떼어 받아 나라를 맡고 가업을 계승하여서 몸과 머리가 두 동강나는 화를 면하고 뛰어난 공명을 얻기 원한다면 몹쓸 도당들의 말을 믿지 말고 오직 후손에게 영화를 유전해 줄 것만을 유의하라. 이는 아녀자의 알은 체할 바가 아니요 실로 대장부의 할 일이니만큼, 그 가부를 속히 알릴 것이요, 쓸데없는 의심을 두지 말라. 나는 명령은 하늘을 우러러 받았고 믿음은 맑은 물을 두어 맹세하였기에, 한 번 말이 떨어지면 반드시 메아리처럼 응할 것이매 은혜가 더 많을 것이요, 원망이 짙게 되지는 않을 것이다. 만일 미쳐서 날뛰는 도당들에 견제되어 취한 잠을 깨지 못하고 마치 당랑이 수레바퀴를 항거하듯이 어리석은 고집만 부리다가는, 곰을 치고 표범을 잡는 우리 군사가 한 번 휘둘러 쳐부숨으로써 까마귀 떼처럼 질서 없고 솔개같이 날뛰던 무리가 사방으로 흩어져 도망칠 것이며, 너의 몸뚱이는 도끼날에 기름이 되고 뼈다귀는 수레 밑에 가루가 될 것이며 처자는 잡혀 죽고 권속들은 베임을 당할 것이다. 옛날 동탁처럼 배를 불태울 그 때는 사슴처럼 배꼽을 물어뜯는 후회가 있을지라도 시기는 이미 늦을 것이니, 너는 모름지기 진퇴를 참작하고 옳고 그른 것을 분별하라. 배반하다가 멸망하기보다 어찌 귀순하여 영화롭게 되는 것이 낫지 않겠느냐. 다만, 너의 소망은 반드시 이루게 될 것이니, 장부의 할 일을 택하여 표범처럼 변하기를 기할 것이요, 못난이의 소견을 고집하여 여우처럼 의심만 품지 말라.

檄黃巢書

廣明二年七月八日諸道都統檢校太尉某官告黃巢夫守正修常曰道臨危制變曰權智者成之於順時愚者敗之於逆理然則雖百年繫命生死難期而萬事主心是非可辨今我以王師則有征無戰軍政則先惠後誅將期剋復上京固且敷陳大信敬承嘉諭用戢奸謀且汝素是遐甿驟爲勍敵偶因乘勢輒敢亂常遂乃包藏禍心竊弄神器侵淩城闕穢黷宮闈旣當罪極滔天必見敗深遁地噫唐虞已降苗扈弗賓無良無賴之徒不義不忠之輩爾曹所作何代而無遠則有劉曜王敦覬覦晉室近則有祿山朱泚噪皇家彼皆或手握强兵或身居重任叱吒則雷奔電走喧呼則霧塞烟横然猶暫逞奸圖終殲醜類日輪闊輾豈縱妖氛天網高懸必除凶族況汝出自閭閻之末起於隴畝之間以焚劫爲良謀以殺傷爲急務有大可以擢髮無小善可以贖身不唯天下之人皆思顯戮仰亦地中之鬼已議陰誅縱饒假氣遊魂早合亡神奪魄凡爲人事莫若自知吾不妄言汝須審聽比者我國家德深含垢恩重棄瑕授爾節旄寄爾方鎭爾猶自懷鴆毒不斂梟聲動則齧人行唯吠主乃至身負玄化兵纏紫微公侯犇竄危途警蹕則巡遊遠地不能早歸德義但養頑凶斯則聖上於汝有赦罪之恩汝則於國有辜恩之罪必當死亡無日何不畏懼于天況周鼎非發問之端漢宮豈偸安之所不知爾意終欲奚爲汝不聽乎道德經云飄風不終朝驟雨不終日天地尙不能久而況於人乎又不聽乎春秋傳曰天之假助不善非祚之也厚其凶惡而降之罰公汝藏奸匿暴惡積禍盈危以自安迷以不復所謂燕巢幕上漫恣鶱飛魚戱鼎中卽看燋爛我緝熙雄略糺合諸軍猛將雲飛勇士雨集高旌大旆圍將楚塞之風戰艦樓船塞斷吳江之浪陶太尉銳於破敵楊司空嚴可稱神旁眺八維橫行萬里旣謂廣張烈火爇彼鴻毛何殊高擧泰山壓其鳥卵卽日金神御節水伯迎師商

風助肅殺之威晨露滌昏煩之氣波濤旣息道路卽通當解纜於石頭孫權後殿佇落帆於峴首杜預前驅收復京都剋期旬朔但以好生惡殺上帝深仁屈法申恩大朝令典討官賊者不懷私忿諭迷途者固在直言飛吾折簡之詞解爾倒懸之急汝其無成膠柱早學見機善自爲謀過而能改若願分茅列土開國承家免身首之橫分得功名之卓立無取信於面友可傳榮於耳孫此非兒女子所知實乃大丈夫之事早須相報無用見疑我命戴皇天信資白水必須言發響應不可恩多怨深或若狂走所牽酣眠未寤猶將拒轍固欲守株則乃批熊拉豹之師一麾撲滅烏合鴟張之衆四散分飛身爲齊斧之膏骨作戎車之粉妻兒被戮宗族見誅想當燃腹之時必恐噬臍不及爾須酌量進退分別否臧與其叛而滅亡曷若順而榮貴但所望者必能致之勉尋壯士之規立期豹變無執愚夫之慮坐守狐疑某告

황소 소상

사람들은 왜 이 문장 입이 마르도록 칭찬할까? 무릇 좋은 글은 문법도 맞아야 하지만 무엇보다도 감동을 줘야한다. 그래서 이 글이 칭찬받는 것도 다름 아닌 감동을 주기 때문이다. 이 글의 위력은 황소마저 간담이 서늘하게 만들었다는 얘기에서 극적으로 드러난다. 최치원의 글이 갖는 이러한 위력을 인식케 한 사람은 고려시대의 이규보(1168-1241)였다. 그는 "황소가 이 격문을 읽다가 <온 천하 사람이 너를 드러내놓고 죽이려 할 뿐 아니라, 아마 지하의 귀신들까지 쥐도 새도 모르게 너를 죽이려 이미 의논했을 것>이라는 구절에서 너무 놀란 나머지 부지불식중에 상 아래고 굴러 떨어졌다고 한다."고 소개했다. 황소가 최치원이 쓴 글을 읽고 깜짝 놀라 상에서 떨어졌는지 알 수 없지만, 그의 글이 대단했다는 것을 상징적으로 보여주기 위한 문학적 표현일 것이다.

최치원이 쓴 글은 이른바 변려문이다. 글의 구성방식 중 하나인 변려문은 문장이 4자와 6자를 기본으로 한 대구(對句)로 이루어져 수사적(修辭的)으로 미감(美感)을 주는 문체이다. 변은 한 쌍의 말이 마차를 끈다는 뜻이고, 여(儷)는 부부라는 뜻이다. 이는 후한(後漢) 중기 정도에 시작하여 위(魏)·진(晋)·남북조(南北朝)를 거쳐 당(唐) 중기까지 유행했다.

최치원의 명문장을 구성하고 있는 변려문은 귀족이 선호한 문장이다. 규격을 중시하는 이러한 문체는 귀족들의 취향에는 적합했지만, 지나친 수사주의 때문에 대중성을 확보하기 어려웠다. 치원이 변려문으로 글을 구성한 것은 당시 어쩔 수 없는 선택이었을지도 모른다.

최소한 그의 상관인 고변의 취향에 맞아야만 했기 때문이다. 치원이 이 같은 글을 작성하던 시기 중국 당나라에서는 한유(韓愈) 등이 일으킨 산문개혁운동으로 변려문이 쇠퇴했다.

고변은 왜 치원에게 황소를 물리치는 격문을 작성케 했을까? 고변은 정말 그런 글을 통해 황소를 물리칠 수 있다고 생각했을까? 역사에서 글로 적을 훈계하는 경우는 적지 않지만, 그 효과는 그다지 크지 않다. 희종이 고변을 출병하지 않는다는 이유로 경질한 것만 봐도 고변이 격문을 작성한 것은, 격문 자체가 전투에 크게 작용하지 않았다는 것을 의미한다. 고변이 물러나자 치원의 역할도 줄어들 수밖에 없었다. 그러나 치원은 여전히 고변 곁에 있었다. 그가 고변의 곁을 떠나지 않은 것은 고변도 치원이 곁에 있길 원했지만 치원 역시 당장 고변 곁을 떠날 수 없는 처지였기 때문이었다. 더욱이 치원은 고변 개인의 종사관이었던 것이다. 만약 고변 곁을 떠날 경우 당장 먹는 문제를 해결할 방법이 쉽지 않았다. 그래서 치원은 자신의 원하는 공부를 위해서라도 고변 곁에서 머무는 게 최선의 선택이었다. 예상대로 치원은 고변 곁에 있으면서 행복한 시간을 보낼 수 있었다. 그를 행복하게 한 것은 다름 아닌 유학 공부였다.

6 돌아온 유학생, 변하지 않은 고국

사무치는 그리움과 귀국

나는 외국 유학 경험이 없다. 그래서 외국 유학생이 겪는 그리움을 절실하게 느끼지 못했다. 다만 지금까지 고향을 벗어나 20년 이상 살면서 부모님을 그리워한 적은 많다. 지금도 한 가정의 가장이면서도 고향에 계신 부모님을 자주 그리워한다. 치원처럼 어린 나이에 오랜 동안 외국 생활을 할 경우 부모님에 대한 사무친 그리움은 말할 필요조차 없을 것이다. 나도 서울에서 재수하던 시절 밤에 부모님을 생각하면서 적지 않게 울었다. 치원은 나보다 훨씬 많이 밤마다 부모님을 생각하면서 눈물 흘렸을 것이다. 그는 자나 깨나 부모를 생각했다.

"아득한 바다가 막혀 부모 봉양의 뜻을 이루기 어렵고 하물며 오래도록 고향 사신이 없어 편지도 부치기 어렵던 차, 마침 본국의 사신 배가 바다를 지나간다 하니 이 편에 차와 약을 사서 집에 부쳤으면 합니다. 제가 어버이 품을 떠난 지 오래라는 것과 이왕 품팔이 신세를 면한 이상 부모 봉양의 심정이 간절하다는 것을 감안하시어 석 달 치의 급료를 받아쓰도록 해주셨으면 합니다. 바라는 바는 저의 녹봉이 마침내 어버이에게 미쳐 멀리 이역에 영광을 나누고자 하는 것입니다."

뉘라서 해외사람 보살펴주랴
묻노라 어디가 내 갈 곳인가
부자는 내사싫고 벼슬살고저
어버이 위하여 그렇습니다.
강상의 비 소리 이별의 시름
고향 봄은 꿈속에 가물거리네.
제천이라 은파도 넓으시거니
씻어다오, 갓끈에 낀 십년 먼지를.

치원은 귀국하기로 결심했다. 그가 귀국을 결심한 이유는 무엇일까? 무엇보다도 부모님에 대한 그리움일 것이다. 당시 오랜 유학생활에서 얻을 수 있는 것은 거의 없었다. 황소의 난은 치원의 앞날을 아주 어둡게 했다. 더욱이 아버지의 병환은 치원을 귀국케 한 가장 큰 요인일지도 모른다. 그가 부모님을 사무치도록 그리워한 것도 고국을 오랫동안 떠난 탓도 있지만, 아버지의 병환이었다. 아울러 사적으로 보살펴주고 있는 고변 곁에서 무작정 신세를 지고 있는 것도 치원에게는 큰 부담이었다. 특히 치원은 고변 주위 인물들과 여러 가지 면에서 잘 어울릴 수 없었다. 이런 상황에서 고변만 믿고 있다간 낭패라는 생각을 갖지 않을 수 없었다. 그는 점점 오로지 믿을 것은 자신뿐임을 다시 자각했다. 물론 치원의 마음에는 신라에 대한 기대도 없지 않았다. 처음 풍문으로 왕이 그의 귀국을 기다리고 있다는 말을 들었을 때는 대수롭지 않게 여겼지만, 막상 귀국을 결심하니 귀국 후의 생활을 걱정하지 않을 수 없었던 것이다.

치원이 귀국길에 오른 것인 당나라가 884년 7월 황소의 군대를 물리친 후였다. 장안에 입성한 황소는 군기가 문란하고 싸울 의지가 떨어졌다. 이런 상황에서 당나라 지방의 관군과 절도사가 대행했다. 희종은 사천을 근거로 관군과 절도사 세력을 규합하고, 돌궐 사타 출신의 이극용(李克用)의 병력을 빌어 반격에 나섰다. 더욱이 황소군의 장수인 주온(朱溫)이 황소를 배반하고 당에 투항하자 황소는 장안을 버리고 후퇴하다가 884년 산동 태산 근처에서 자살했다. 10년간의 농민 반란이 끝나는 순간이었다. 치원은 당나라 황제에게 황소의 토벌을 축하하는 글을 올렸다.

치원이 귀국한다는 소식에 고변은 무척 안타까웠다. 그러나 자신의 처지도 예전만 못할 뿐 아니라 그를 잡아둘 명분도 별로 없었다. 시국이 아주 불안한 상황에서 그를 잡아둘 수 없었던 것이다. 고변은 치원을 위해 노자 돈을 넉넉히 줌과 동시에 배편까지 마련해주었다. 치원은 그의 배려에 다시 그의 인품에 놀랐다.

"어제 사령부 경리 직원이 8월 분 봉급을 보내 왔습니다. 저는 이미 귀국허가에 따라 특별히 노자를 받았었는데 어찌 다시 봉급을 받음이 합당하겠습니까. 그래서 반납했더니 도리어 재송부 명령을 내렸습니다. 집을 윤택하게 하는데 쓰라는 말씀에 놀라 삼가 감사히 받습니다."

"저의 사촌아우인 서원이 신라국 사신단원의 자격으로 집안 편지를 가지고 저를 영접하러 왔습니다. 장차 고국으로 돌아가려 하는데 이러한 제 동생에게 어제 특별히 돈 30관을 내려주시는 큰 은혜를 주셔서 감사합니다."

귀국길에 풍랑이 앞길을 막고

884년 8월 치원은 떠나기 전날 중국 생활을 회상했다. 지난 16년 동안 중국에서 보낸 시간과 각양각색의 경험들이 주마등처럼 지나갔다. 막상 중국을 떠나려니 아쉬운 점도 적지 않았다. 그가 중국을 떠나기 직전 가장 아쉬워했던 것은 크게 두 가지였다. 하나는 연애였다. 그는 양귀비의 무덤을 찾아갔을 때 여자에 대해 심각하게 생각한 적 있었다. 그러나 그 이후 여자에 대해 본격적으로 생각할 겨를이 별로 없었다. 한 때 친구가 아가씨를 소개했지만, 두 차례 만난 후 그만 두었다. 아가씨는 명문 집안 출신인지라 반듯했지만, 치원의 생각과 많이 달랐던 터라 계속 만날 수가 없었다. 그러나 정말 치원이 그 아가씨를 계속 만날 수 없었던 것은 외국 유학생 신분 때문이었다. 언젠가 고국으로 돌아가야 할 처지에서 평생을 기약할 여자를 만날 수 없었기 때문이다. 다소 연애가 자유로웠던 당나라였지만, 유학생활에서 연애질이나 하고 있을 만큼 한가하지도 않았다. 그러나 청년 치원의 마음 한 구석엔 연애 감정이 늘 똬리를 틀고 있었다. 또 한 가지 아쉬웠던 것은 산동의 태산에 가보지 못한 것이었다. 치원은 공자를 비롯한 많은 사람들이 올랐다는 태산에 꼭 오르고 싶었지만, 그럴 시간이 없었다. 중국으로 들어갈 때 태산이 위치한 산동을 거쳤지만, 장안으로 가는 길이라 갈 수 없었고, 고변 밑에 있을 때 태산 근처에 있었지만 일 때문에 그럴 여유가 없었던 것이다. 치원은 이런 저런 생각으로 떠나는 전날을 뜬 눈으로 보냈다.

아침을 먹고 챙겨둔 짐을 보니 무척 많았다. 그 동안 중국에서 한 두 권씩 구했던 책이 적지 않았기 때문이다. 치원은 부모님께 드릴 선물도 준비했다. 특히 아버지에게 드릴 좋은 붓과 벼루를 장만했다. 치원은 어릴 적부터 아버지가 붓으로 글을 쓰는 것을 보면서 자랐다. 언제나 아버지 방에는 묵향으로 가득했다. 아버지는 치원이 옆에 있으면 언제나 붓과 벼의 중요성을 말씀하셨다. 그래서 치원은 아버지를 기쁘게 해 드릴 게 무엇인지 고민하다가 붓과 벼루를 선택했던 것이다. 어머니를 위해서는 특별히 준비할 게 없어서 청동 거울을 하나 마련했다. 그는 청동거울을 사면서 어머니의 얼굴을 떠올렸다. 자식과 지아비를 위해 헌신하고 계실 어머니의 얼굴이 많이 상해있을 걸 생각하니 무척 마음이 아팠다. 치원은 청동거울을 사면서도 한참 망설였다. 오히려 어머니가 거울을 통해 자신의 나이든 모습을 보면 속상할 지도 모른다는 생각이 들었기 때문이다. 그러나 그는 평생 자신의 얼굴 한번 가꾸지 못한 어머니께서 앞으로 거울을 보면서 여자의 삶도 살길 바라는 뜻에서 그것을 선택했다. 물론 치원은 가족 친지에게 줄 약간의 선물도 잊지 않았다.

치원은 배가 기다리고 있는 부둣가로 갔다. 부두는 대주산(大珠山)에 있었다. 고변과 고운을 비롯해 그동안 사귄 많은 사람들이 치원을 전송하기 위해 부두까지 나와 있었다. 고변은 부둣가에 이별주를 마련해두었다. 고변이 치원을 위해 술을 따르고, 치원도 고변의 술잔에 술을 가득 채운 후 친구들의 술잔에도 술을 채웠다. 모두 서로의 건강을 외치면서 건배했다. 이별에 이별시가 없다면 시인이 아닐 터, 가장 절친한 친구 고운이 치원의 이별을 아쉬워하면서 한 수 시를 지었다.

내들으니 바다에 세 마리 금자라 있는데
금자라 머리 위엔 높은 산을 이었고
산 위에는
구슬 궁전 자개 대궐 황금의 전각이요
산 아래는
천리만리 넓은 파도라네.
그 옆엔 한 점 계림이 푸른데
금오산 정기로 기특한 이 태어났네.
열두 살에 배타고 바다 건너와서
문장으로 중국을 뒤 흔들었네.
열여덟에 문단을 휩쓸어
한 화살로 금문책을 쏘아 뚫었네.

이별 시간도 길어 배가 쉽게 출발하지 못했다. 회남(淮南)에 와 있던 신라 사신과 치원의 사촌 동생 첩원(捷遠)이 재촉했다. 이별의 시간이 끝나고 치원도 배에 올랐다. 그러나 풍랑이 생각보다 심했다. 풍랑과 관계없이 떠날 때 고사를 지내지만 이번에는 풍랑이 아주 거센 탓에 거창하게 이곳 산신에게 고사를 지낼 수밖에 없었다. 치원은 정성을 다해 산신케 빌었다.

"오늘 부모님 뵈러 고향에 가려 합니다. 삼가 박주(薄酒)로 감히 도움을 바라오니, 산신께서는 가만히 명하셔서 파도 귀신으로 하여금 팔짱을 끼게 해 주십시오. 편안히 물에 떠서 순식간에 '군자의 나라'에 돌아가는 것은 오직 산신께서 바람을 어떻게 불게 하느냐에 달려 있습니다."

치원의 정성이 부족했던지 풍랑은 좀처럼 가라앉지 않았다. 그래서 치원 일행은 부득이 중도에서 겨울을 보낼 수밖에 없었다. 하루라도 빨리 고향으로 달려가고 싶었지만 중국이 치원을 보내기 싫었는지 풍랑이 치원의 앞길을 막고 있었다. 치원 일행은 반년이나 고향에 돌아가지 못한 채 부평초처럼 타향에서 머물러야만 했다. 그러나 이 과정에서도 치원은 할 일이 있었다. 바로 글쓰기였다. 그는 곡포(曲浦)에서도 고변을 잊지 않고 자신의 처지를 편지로 보냈다.

"저희 일행이 탄 배가 부산(乳山)에 이르러 10여 일간 바람이 잔잔해지기를 기다리던 중 겨울이 닥쳤습니다. 뱃사공이 출항하기 어려우니 좀 더 머물러야 한다고 요청했습니다. 무서운 풍파를 만나니 어쩔 수 없군요. 지금 곡포라는 곳에 돛을 내려서는 띠를 엮어 몸을 가리고 미역을 끓여 배를 채우고 있습니다. 겨울이 지난 뒤에 출발 일자를 정하겠습니다. 따뜻한 봄이 되면 바람도 잘 테니 그 때 고향으로 떠나겠습니다."

이듬해 바다가 잔잔해져 치원은 3월에 그리던 고국으로 돌아왔다.

청천벽력 : 부친의 사망

그가 돌아왔다. 최치원이가 오랜 유학생활을 청산하고 고국 신라에 돌아왔다. 치원이 꿈에도 그리던 고국산천을 밟았다. 치원은 쉬지 않고 경주 집으로 달려갔다. 3월이라 기운은 차가왔지만 고국은 떠나지 전과 다를 바 없었다. 산천은 의구(依舊)했다. 중국에서 보았던 매화도 보였다. 개나리도 막 피고 있었다. 치원은 산천의 나무와 풀을 보면서 눈물을 흘렸다. 그러나 집으로 가는 길은 길게 느껴졌다. 떠날 때는 그렇게 짧았던 고향 길이었건만, 돌아갈 땐 이다지도 먼 줄 몰랐다. 마음이 급하면 같은 길도 다르게 느끼는 법이다. 부모님 뵙길 고대하고 있는 치원의 발걸음이 아무리 빨라도 길은 멀기만 한 법이다. 마침내 고향에 도착했다. 멀리서 보니 가족과 친지들이 치원을 마중 나와 있었다. 그러나 왠지 분위기가 엄숙했다. 그 누구도 달려와 치원을 맞이하지 않았다. 치원은 뭔가 분위기가 이상함을 직감했다. 옆에 있던 사촌 동생은 아무말도 없었다. 그는 자신이 떠난 뒤 무슨 일이 일어났는지 알고 있었다. 그러나 차마 치원에게 그 말을 할 수 없었다.

치원은 천천히 집 앞으로 걸어갔다. 치원이 집 앞 대문까지 도착해서야 가족들이 치원에게 달려왔다. 치원과 가족은 한 동안 서로 껴안은 채 서 있었다. 치원은 한 참 뒤에야 아버지가 보이지 않는다는 것을 알았다. 어머니의 얼굴에서 자신이 없는 동안 무슨 일이 벌어졌는지 알았다. 하늘이 보이지 않았다. 세상에 아무것도 보이지도 들리지도 않았다. 치원은 그만 그 자리에 주저앉아 대성통곡했다. 가족과 친지들도 함께 울었다. 하늘도 치원의 통곡소릴 들었는지 갑자기 비가 내렸다. 온 가족이 비를 맞으면서 한참동안 대문 밖에서 울었다.

치원이 집어 들어가 그 동안 일어났던 일을 자세히 들었다. 어머니의 말씀을 들은 후 다시 치원은 통곡했다. 자신이 풍랑을 만나 반년동안 묶여있을 때 아버지가 돌아가신 것을 알았기 때문이었다.

"나는 중국에서 과거에 급제했지만, 우구자(虞丘子)의 긴 통곡만 해야 했다. 이제 부모 가신 뒤의 부질없는 영광만 누릴 뿐이다."

치원의 심정이 바로 『한시외전』에 나오는 고어(皐魚)의 입장이었다. "나무는 고요히 있으려고 하나 바람이 그치지 않고[樹欲靜而風不止], 아들은 부모를 봉양하고 싶으나 부모께서 기다려 주지 않는다[子欲養而親不待]."

치원은 오랫동안 불효자식이라는 자책에서 벗어날 수 없었다. 그는 매일 아버지께 드리기 위해 사온 벼루와 붓을 꺼내 편지를 썼다. 그는 매일 돌아와 아버지께 하려했던 말을 편지로 썼다. 그러나 떨어지는 눈물 때문에 매번 편지를 마무리할 수 없었다. 그는 아버지께 드리는 편지를 수 백 통 썼다. 그는 가슴 깊숙한 곳에 편지를 보관해 두었다.

한 달이 지나서야 치원은 아버지를 잃은 슬픔에서 조금 벗어날 수 있었다. 그러나 아무것도 할 수 없었다. 아니 아무것도 할 생각이 없었다. 그저 아무 생각 없이 지내고 싶을 뿐이었다. 이른 아침 그는 밥을 먹고 무작정 길을 나섰다. 치원은 그저 걷고 싶었다. 발길 닿는 대로 걸으면서 고국 산천의 냄새를 맡고 싶었다. 특히 그는 아버지와 함께 걸었던 그 길을 다시 확인하고 싶었다. 그렇지 않고서는 미칠 것만 같았다. 아버지와 함께 했던 길을 걸으면서 하나도 빠짐없이 아버지의 체취를 자신의 몸속에 넣고 싶었다. 그의 발길은 남산으로 향하고 있었다. 치원은 자신도 모르게 남산을 향하고 있는 것을 발견하고는 깜짝 놀랐다. 그는 멀리 남산을 바라보았다. 한참 바라보니 금오봉(金鰲峰)이 보였다. 금오봉을 바라보면서 그때서야 그는 자신이 왜 남산으로 발길을 옮겼는지 알 것 같았다. 치원의 아버지는 늘 입버릇처럼 치원에게 "너는 남산의 금오봉 정기를 받아 태어났느리라."고 말했다. 치원의 아버지는 치원을 낳기 전 부인과 함께 남산에서 제일 높은 금오봉에서 빌었다. 치원의 부모는 "절은 하늘의 별만큼 많고, 탑은 기러기가 줄지어 서 있는(寺寺星張 塔塔雁行)" 경주의 영산(靈山)에 우뚝 선 금오봉에서 금자라 같은 자식이 태어나길 기원했다.

치원은 금오봉을 향해 뚜벅 뚜벅 한 걸음 한 걸음 발걸음을 옮겼다. 아버지 손을 잡고 올라간 그길로 걸어갔다. 아버지가 일러준 불상마다 손으로 만지면서 아버지의 극락왕생을 빌었다. 계곡의 옥 같은 물소리가 마치 아버지의 목소리 같았다. 치원처럼 남산을 찾은 사람들이 많았다. 치원은 사람들을 보면서 저 사람들은 무슨 사연으로 이곳을 찾았을까 궁금했다. 사람들을 자세히 보니 사람 사람마다 하나같이 묵주를 손에 들고 올라가고 있다. 마애불은 물론 크고 작은 부처마다 멈추어 공손히 절을 올리면서 올라갔다. 치원도 그들을 따라 올랐다. 정상에 오르니 흠뻑 젖은 땀이 순식간에 식을 만큼 바람이 상쾌했다. 금오봉에서 집 쪽으로 바라보니 황궁이 보였다. 치원은 황궁을 바라보면서 임금을 생각했다. 그는 임금을 생각하면서 자신의 미래를 생각했다. 그러나 생각하면 할수록 깊은 한숨만 나왔다. 앞이 보이지 않았던 것이다. 점차 황궁이 치원의 시야에서 멀어졌다. 눈앞이 마치 안개가 낀 것처럼 희미했다. 과연 신라는 얼마나 변했을까? 앞으로 고국에서 어떻게 살아야하는 것일까? 과연 이곳에서 내가 할 일은 무엇일까? 이런 저런 생각으로 앞은 더욱 깜깜했다.

금오봉에서 내려오니 벌써 해가 저물었다. 정말 오랜만에 고국에서 맞는 석양이었다. 석양에 비친 남산이 정말 아름다웠다. 탑 그림자가 아버지처럼 보였다. 중국에서 거대한 조형물만 보다가 아기자기한 탑을 보니 어머니 품처럼 아늑했다. 시내로 들어오니 어디선가 노래 소리와 피리소리가 들렸다. 말만 듣던 동야댁(東野宅)인 듯했다. 궁금해서 가까이가 보니 수 십 명의 귀족들이 흥청망청 즐기고 있었다. 저들이 신라의 앞날을 책임지고 있는 사람들이라는 생각에 치원의 발걸음은 무겁기만 했다.

결혼

치원의 어머니는 새벽부터 분주했다. 치원이 일어나기 전에 뭔가 서두르는 모습이었다. 분산한 소리에 치원이 깨어났다. 그는 전과 다른 어머니의 모습에 이상한 생각이 들었다. 눈을 비비면서 어머니께 물어보니, 뜻밖에 말씀을 하셨다. 그러나 치원은 어머니의 말씀에 크게 놀라지는 않았다. 귀국 후 어느 날 그런 얘기를 한 적 있었기 때문이다. 그 때 치원은 어머니의 말씀을 마음에 담아 두지 않았다. 으레 하시는 말씀쯤으로 생각했기 때문이고, 자신도 아직 그 일에 큰 관심을 두지 않았기 때문이다. 그런데 오늘 어머니의 태도를 보니 그 때 하신 말씀이 진담이라는 것을 알았다.

치원은 자신의 결혼 문제로 매파가 온다는 얘기 때문에 아침 밥맛을 잃어버렸다. 귀국 후 아버지의 별세로 결혼은 꿈에도 생각하지 않았고, 아직 직장조차 없는 상황에서 결혼이 가당치 않았기 때문이다. 그러나 어머니의 생각은 전혀 달랐다. 오히려 아버지가 계시지 않기 때문에 치원을 하루라도 빨리 결혼시키려 하고 있는 것이다. 그래서 치원은 어머니의 결정에 반대할 그 어떤 명분도 없었다. 치원은 어쩔 수 없이 어머니의 결단을 받아들이기로 했다.

막상 결혼을 결정하니 한편으로 마음이 편안해졌다. 치원은 언젠가 할 결혼이라면 미루기보다 하는 것도 앞날을 위해 좋을지도 모른다는 생각으로 자신을 위로했다. 이처럼 치원은 이제 자신을 위로하는 방법도 알고 있었다. 그가 스스로 위안하는 법을 터득할 수 있었던 것은 20년 가까운 세월을 혼자서 사는 법을 익혔기 때문이다. 혼자서 생활하는 사람은 그 누구에게 기댈 수 없는 처지인지라 모든 것을 혼자서 해결할 수밖에 없다. 그런 와중에 깊은 슬픔이 찾아오면 그 슬픔을 나눌 대상이 없다. 그러면 어떻게 할까? 슬픔을 이기는 법을 터득하지 않으면 살아남을 수 없다. 그러니 결국 혼자서 슬픔을 이기는 법을 터득할 수밖에.

오랜만에 집안이 분산했다. 온 식구들이 음식준비에 여념이 없었지만, 당사자인 치원은 왠지 집에 있고 싶지 않았다. 문을 나섰다. 가을바람이 가슴 속 깊은 곳에 숨어 있던 아픔에 닿았다. 여전히 고통스러웠다. 지난 세월동안 가슴에 담아둔 온갖 고통들이 가을바람에 하나씩 하나씩 낚시 바늘에 걸리듯 올라오는 듯 했다. 치원은 귀국 후 아버지가 돌아가셨다는 것을 받아들였지만, 계속 지난날 중국에서 겪었던 아픔이 불쑥 불쑥 튀어나오는 것을 어찌할 수 없었다. 집을 바라보니 가을바람에 회화나무가 살랑살랑 흔들렸다. 치원은 회화나무를 바라볼 때마다 아버지 생각에 가슴 저미었다. 집 안의 회화나무는 견일이 자식의 과거합격을 기원하기 위해 치원이 떠나자마자 심은 것이었다. 그 때 심은 회화나무도 이제 제법 큰 나무로 자라있었고, 치원은 아버지의 기원대로 과거에도 합격해서 돌아왔다. 장안에서 본 회화나무는 치원의 마음을 시원하게 만들어주었지만, 집안의 회화나무는 늘 아픔으로 다가왔다.

집을 나온 치원은 오랜만에 첨성대로 갔다. 어린 시절 동네 친구들과 뛰놀던 곳이었지만, 귀국 후에 한 번도 갈 기회가 없었다. 오랜만에 그곳에서 별을 보고 싶었다. 치원은 중국에서 밤새도록 별을 보면서 부모님과 친지를 생각했던 기억을 떠올렸다. 치원에게 별은 좋은 친구였다. 중국 땅에서 길고 긴 밤을 지새울 때 외로움을 달래준 유일한 친구가 바로 별이었다. 치원은 별이 뜰 때까지 첨성대 옆의 계림(鷄林)에서 보내기로 했다. 어린 시절 아버지와 함께 왔던 계림은 여전했다. 아직도 치원은 아버지가 일러주신 말을 생생하게 기억했다. 이곳은 바로 신라의 김알지가 태어난 곳이었다. 계림의 처음 이름은 시림(始林)이었다. 시림은 신라 초창기부터 있었던 숲이었다. 숲은 상상의 보고(寶庫)이다. 신라 제4대 탈해왕(脫解王) 9년 3월 밤, 왕이 금성(金城 : 지금의 경주)의 서쪽 시림 중에서 닭 우는 소리를 듣고 신하에게 살펴보게 했다. 신하가 가보니 금궤 하나가 나뭇가지에 달려 있고, 흰 닭이 그 밑에서 울고 있었다. 신하가 돌아와 이 사실을 알리자 왕은 날이 밝는 대로 그 궤짝을 가져오게 해 열어보니 속에 총명하게 생긴 어린 사내아이가 있었다. 왕은 이를 기뻐하며 아이 이름을 알지(閼智)라 부르고, 금궤 짝에서 나왔으므로 성을 김씨(金氏)라고 했다. 이때부터 시림을 계림으로 바꾸고, 나라 이름도 계림이라고 불렀다.

계림에 들어가니 큰 느티나무가 치원을 반겼다. 다가가 손을 벌려 안아보니 몇 차례 재고서야 모두 안을 수 있었다. 벌써 잎이 갈색으로 변하고 있었다. 그 옆 개울로 가니 여러 그루의 팽나무가 있었다. 언뜻 보면 팽나무도 느티나무와 닮았지만 잎 모양과 열매가 다르다. 둘 다 느릅나무가 부모라서 닮은 부분도 적지 않다. 한참 동안 나무를 보다가 물가에 앉았다. 맑은 물 위로 일찍 물들어 바람에 떨어진 잎이 떠내려 왔다. 손으로 주워보니 조금 전에 본 느티나무 잎이었다. 치원은 손으로 잎을 문질러 보았다. 생각보다 까칠했다. 마치 자신의 수염을 만지는 느낌이었다. 잎 앞면과 뒷면을 번갈아 보니 색깔이 달랐다. 빛을 많이 받은 앞면과 빛을 적게 받은 뒷면이 묘한 조화를 이루고 있었다. 잎 가장자리엔 톱니 같은 게 아주 많았다. 세어보니 생각보다 훨씬 많았다. 치원은 느티나무 잎 가장자리에 톱니가 있는 줄 오늘 처음 보았다. 그 동안 무수히 많은 느티나무를 보았지만, 한 번도 자세하게 잎을 보지 못했다. 아니 보지 못한 게 아니라 볼 생각조차 없었다. 잎 가장 자리에 잎을 보고 난 뒤, 치원은 나뭇잎에 생명이 있다는 것을 느꼈다. 그는 곧 바로 조금 전에 보았던 팽나무 잎에도 톱니가 있는지 궁금하여 다시 그곳으로 갔다. 그런데 팽나무 잎을 보니 느티나무 잎과 달리 톱니가 별로 없었다. 가장자리가 느티나무 잎보다 밋밋했다. 다시 팽나무를 자세히 보니 콩알만 한 열매가 분홍색으로 익어가고 있었다.

해가 서쪽으로 넘어가고 있었다. 치원은 월성(月城)으로 올라갔다. 치원은 첨성대에서 별을 보기 전 반달을 닮은 월성에서 달을 먼저 보고 싶었다. 성 동쪽에서 반달이 보였다. 그러나 중국 장안에서 본 반달과 달랐다. 치원은 왜 중국의 반달과 신라의 반달이 다를까를 생각했다. 중국의 반달이 차가웠다면, 신라의 반달은 따뜻했다. 치원은 마음의 차이라 생각했다. 이국 만 리 중국에서 본 달이 차가웠던 것은 자신의 마음이 차가웠기 때문이고, 지금 보고 있는 달이 따뜻한 것은 고향에서 보고 있기 때문이라 생각했다. 밤이 되자 낮보다 공기가 훨씬 차가웠다. 첨성대에는 낮에 드문드문 보이던 사람들이 모두 집으로 돌아갔는지 한 사람도 보이지 않았다. 치원은 첨성대 주변을 한 바퀴 돌았다. 돌다보니 첨성대 북쪽 근처에 한 그루 나무가 서 있었다. 가까이 가서 보니 느릅나무였다. 낮에 계림에서 보았던 느티나무와 팽나무의 부모였다. 나무껍질이 비늘처럼 벗겨지는 것을 보니 참느릅나무였다. 잎을 보니 자식인 느티나무와 팽나무보다 작았다. 잎 가장자리를 보니 톱니가 느티나무와 많이 닮아 있었다. 치원은 느릅나무 잎을 보면서 역시 피는 속일 수 없다는 것을 나뭇잎을 통해 확인했다.

치원은 첨성대 안으로 들어갔다. 하늘을 보니 별이 보였다. 북극성도 선명했다. 치원은 별을 보면서 아버지를 생각했다. 치원의 눈에서 눈물이 떨어졌다. 가슴에 묻은 자식처럼 그는 아버지를 가슴에 묻었다. 마치 북극성이 자신에게 달려오는 듯 했다. 오랫동안 그는 아버지와 대화했다. 그러고 나니 속이 시원했다. 오랜만에 행복을 느꼈다. 가뿐한 마음으로 치원은 집으로 발길을 돌렸다. 대문 앞에 당도하니 온 식구들이 나와 있었다. 왜 나와 있느냐고 물으니, 저녁때에도 도착하지 않아 걱정스러워 모두 나왔다는 것이었다. 그때서야 치원은 하루 종일 자신이 집에서 일어난 일을 잊고 있었다는 것을 알았다. 식구들에게 미안했다. 방으로 들어가니 진수성찬이 차려져 있었지만, 음식이 모두 식어 있었다. 한층 미안한 마음이 들었다. 식구들도 늦은 밤까지 아무도 밥을 먹지 못한 채 치원을 기다리고 있었던 것이다.

결혼 날짜도 잡혔다. 결혼 상대자는 나씨였다. 얼굴 한번 본적 없었지만, 어머님이 선택한 사람이라 의심하지 않았다. 아마도 성품은 아주 좋을 것이라 생각했다. 그래도 치원은 한 가지 기대는 있었다. 그것은 부인이 자신의 학문 세계를 이해해주는 것이었다. 치원은 오로지 부인이 공부하는 남편을 신뢰해주길 바랬다. 그 외에는 어떤 것도 바라지 않았다. 그런 생각에 부인에게 미안한 생각도 들었지만, 치원은 자신이 지금까지 걸어온 길이 그랬고, 앞으로도 학문의 길로 갈 수밖에 없다는 것을 잘 알고 있었기 때문에 어쩔 수 없다고 생각했다.

결혼식도 무사히 끝났다. 날씨도 아주 맑았다. 많은 친지와 친구들도 축하해주었다. 치원은 결혼식이 끝난 직후 부인과 함께 아버지 산소를 찾았다. 치원은 바다가 보이는 곳에 위치한 아버지의 산소를 찾아가는 길이 늘 즐거웠다. 아버지를 만난다는 게 거의 유일한 위안이었기 때문이었다. 오늘은 아버지가 고대하고 계실 며느리까지 함께 하는 길이기에 발걸음도 한층 가벼웠다. 부인과 함께 술잔을 올린 후 한참 동안 산소 옆에서 보냈다. 부인과 오랜 시간 동안 얘기도 나눴다. 치원은 생각대로 부인이 자신의 얘길 진심으로 이해하는 듯해서 무척 다행스럽게 생각했다. 치원은 돌아오는 길에 감은사에 들렀다. 저녁 무렵 석양에 비친 쌍탑이 정말 아름다웠다. 치원은 부인과 함께 탑을 돌면서 가족의 건강과 학문의 성취를 기도했다. 간혹 바닷바람이 이마를 스쳤다. 바다 쪽을 쳐다보니 파도소리가 들렸다. 감은사에서 내려와 대종천에서 감은사를 바라보았다. 꼬마 아이가 엄마의 손을 잡고 탑을 돌고 있는 모습이 아련히 보였다. 치원도 저런 날 오길 진심으로 기원했다.

희망과 좌절

여름의 태양이 작열하는 어느 날, 나는 헌강왕을 만나기 위해 경주로 향했다. 남산 기슭에는 아직 추정이긴 하지만 헌강왕릉이 있다. 헌강왕릉은 경주 대부분의 왕릉처럼 울창한 소나무 숲에 있다. 왕릉에 도착한 후 경주 법주로 술 한 잔 따르고 절을 올렸다. 내가 헌강왕릉을 찾은 것은 최치원을 알아 준 사람이 바로 그였기 때문이다. 경문왕의 맏아들로 태어난 헌강왕은 경주의 민가를 모두 기와로 덮고 숯으로 밥을 짓는 등 태평성대를 누렸다고 하지만, 신라를 쇠퇴의 길로 걷게 한 임금이기도 했다. 특히 그는 경주의 숲을 많이 훼손한 사람이기도 했다. 숯으로 밥을 짓게 했다면 얼마나 많은 나무를 잘랐을까?

헌강왕은 귀국한 최치원을 시독(侍讀) 겸 한림학사(翰林學士) 벼슬과 함께 자금어대를 하사했다. '시독'은 유교 경서(經書) 강의를 하는 직책이고, '한림학사'는 국서를 작성하는 임무를 맡은 직책이다. 그러나 이 같은 직책은 당에서 유학하고 돌아오는 사람에게 의례적으로 주던 것이다. 또한 치원이 받은 '지서서감사(知瑞書監事)'은 문필기관 부책임자이고, '수병부시랑(守兵部侍郎)'의 병부시랑은 국방차관이다. 그러나 당시 병부시랑이나 수병부시랑이 여러 명 있었기 때문에 병권에 큰 영향력을 미치는 자리는 아니었다. 이는 당나라 군의 일선 총사령부에서 중요한 일을 한 데 대한 예우나 경험 활용 차원일 것이다. 치원이 받은 자금어대도 당나라에서 이미 비어대를 받았으므로 예우차원에서 준 것이다.

치원에 대한 헌강왕의 관심을 남달랐다. 신라에서 당나라에 유학생을 보낸 이유 중 하나도 새로운 인재 발굴이라는 측면도 있었지만, 헌강왕의 취향도 한몫했다. 한 사람에 대한 관심 여부는 무엇보다도 취향이 중요하다. 같은 취향을 가지면 금방 소통할 수 있기 때문이다. 헌강왕도 치원처럼 글을 좋아했다. 그래서 선비들을 돌보고 예로 대우하는 것은 당연하다. 그런 그가 치원을 모시기 위해 사촌 동생에게 사신의 자격까지 주어 당나라에 보낸 것만 봐도 충분히 짐작할 수 있다. 귀국 후 그에게 직접 왕실 사찰인 대숭복사비명(大崇福寺碑銘)과 국사(國師)인 지증대사비명(智證大師碑銘)을 지으라고 부탁했을 정도이다. 치원도 헌강왕의 자신에 대한 관심과 배려에 보답하기 위해 정성껏 준비한 게 있다. 그것은 그가 당나라 있을 때 쓴 글 수만 수를 10개월 작업 끝에 엄선한 후, 28권으로 만들어 886년 1월에 헌강왕에게 바쳤다. 물론 이때 바친 글 중에 치원의 대표작인 『계원필경(桂苑筆耕)』도 있다.

한 인간은 자신을 알아주는 사람과 만날 때 꿈을 펼칠 수 있다. 치원이 헌강왕처럼 학문, 그 중에서도 유학에 큰 관심을 갖고 있는 사람을 만난 것은 큰 행운이었다. 그런 만남이야말로 인생에서 큰 행복이자 희망이다. 평생 그런 사람과 만날 수 있다면 더 없는 행복일 것이다. 그러나 치원을 알아준 헌강왕은 치원 곁에 오래 머물지 않았다. 헌강왕은 그가 계원필경을 올린 뒤 반년밖에 지나지 않은 7월에 죽었다. 헌강왕의 아들이 돌도 지나지 않았기에 동생 정강왕(定康王)이 뒤를 이었지만, 그 역시 1년 만에 죽고 말았다. 남은 혈육은 헌강왕의 누이동생 진성여왕뿐이었다. 그가 선덕여왕과 진덕여왕을 비롯한 신라 3명의 여왕 중 하나이자 마지막 여왕인 진성여왕이다. 결국 치원의 운명은 진성여왕에게 달려 있었다. 그녀가 재위(887-897)했던 10년간은 치원이 귀국 후 주요 국내 활동 기간이었기 때문이다. 그런데 진성여왕의 등장은 치원의 앞날을 밝게 하기보다는 어둡게 했다. 진성여왕은 지금 전하지 않지만 위홍과 대구화상에게 명해서 우리에게 익숙한 향가집 『삼대목(三代目)』을 편찬케 한 사람이다. 그러나 그녀에겐 '음탕한 여자'라는 꼬리표가 붙어 있다. 그 이유는 자신의 유모 남편이자 『삼대목』을 편찬한 위홍과 사통하고 궁중에 미소년을 끌어들여 음행을 일삼았으며, 뇌물을 받는 등 궁중의 풍기를 문란케 했기 때문이다. 그런데 진성여왕의 성적 욕구를 반드시 비난할 것만은 아니다. 그녀에게도 사랑할 권리가 있기 때문이다. 진성여왕에 대한 이러한 평가도 유교적인 잣대로 그를 평가하기 때문인지도 모른다. 문제는 그녀의 성적 욕구의 정당성이 아니라 당시의 정치 상황과 사회일 것이다.

진성여왕의 등장은 귀족들 간의 치열한 권력 투쟁이 한창일 때이다. 그렇기 때문에 모든 문제를 진성여왕 개인의 역량으로 돌려서는 안 된다. 이미 많은 문제들이 곪고 있었고, 그런 문제들이 진성여왕 때 터져 나왔던 것이다. 따라서 진성여왕의 평가를 그녀의 성적 요구만을 잣대로 들이댄다면 옳지 않다. 더욱이 889년(진성여왕 3) 사벌주(沙伐州)에서 일어난 원종과 애노의 난을 시작으로 전국 각지에서 일어난 반란도 그녀의 탓으로만 돌릴 수는 없다. 이러한 모습은 일찍부터 만들어진 신라의 그림자에 지나지 않기 때문이다. 진성여왕 시기의 불길한 조짐은 치원에게 비켜갈리 없었다. 비정상적인 사회에서는 그림자가 새로운 길을 가려는 사람들의 앞길에 가장 먼저 나타나는 법이기 때문이다. 치원은 그의 후견자인 헌강왕이 죽자마자 곧 외직으로 나갔다. 그가 귀국 후 처음 맡은 외직은 태산군(泰山郡), 즉 지금의 전북 정읍 태산 태수였다.

치원이 외직으로 나간 이유가 무엇인지에 대해서는 의견이 분분하지만 대체로 의심·시기설이 가장 유력하다. 『가승(家乘)』과 『삼국사기』에 기초한 이러한 주장의 핵심은 치원과 당시 지배세력과의 반목이다. 치원의 후견자였던 헌강왕의 정치방식은 일종의 측근정치의 지향이었다. 헌강왕이 치원을 우대한 것도 그를 측근에 두기 위해서였다. 이러한 측근 정치는 기존의 정치방식에 대한 대응이다. 그러나 이러한 대응은 기존 정치 세력에 대한 일종의 선전포고와도 같은 것이다. 이런 점에서 진골세력들에겐 헌강왕의 정치방식은 불만일 수밖에 없고, 측근 세력으로 편입된 치원에 대한 견제도 불을 보듯 뻔하다. 더욱이 진골세력들은 유학생에 대한 콤플렉스도 적지 않았다. 새로운 세력으로 급부상하고 있던 유학 엘리트들의 역할은 곧 진골 세력의 권력 기반을 잠식할 수 있는 태풍의 눈과 같았다. 이 와중에 치원이 있었다.

치원은 약 1년간 태산 태수 자리에 있었다. 현재 정읍 향교 서무(庶務)에 최치원을 모시고 있다. 특히 호남제일정(湖南第一亭)이라는 피향정(彼香亭, 보물 제289호)은 치원이 재임 중 풍월을 읊고 소요하던 연못가에 세워진 정자라 전한다. 치원은 이곳에서 나름대로 즐거운 시간을 보냈다. 그가 이곳에서 어떻게 보냈는지를 보여주는 흔적이 유상대(流觴臺)이다. 유상대는 유상곡수(流觴曲水)로 풍류를 즐기는 장소를 말한다. 유상곡수는 흐르는 물에 술잔을 띄워 시를 지으면서 즐기는 지식인의 놀이다. 최치원이가 유상곡수에 관심을 가진 것은 이 같은 놀이가 당시 지식인들 뿐 아니라 그 이전의 지식인들에게도 가장 품위 있는 놀이로 생각했기 때문일 것이다. 그러면 그는 무엇을 보고 그런 놀이공간을 만들었을까? 제작 연대를 잘 알 수 없는 경주의 포석정이 치원이 태어나기 전에 존재했다면, 분명 하나의 모델로 작용했을 것이다. 그러나 포석정은 중국 고대 강가에서 초혼제를 지내고 악귀를 쫓는 행사의 하나인 유상곡수연(流觴曲水宴)에서 유래했다. 이런 예는 353년 중국의 왕희지가 쓴 난정서문(蘭亭敍文)에 보인다. 맑은 시냇물을 아홉 구비로 돌아 흐르게 하여 흐르는 물속에 술잔을 띄우고 시를 짓게 하되, 술잔이 아홉 구비를 다 지날 때까지 시를 짓지 못하면 벌술 3잔을 마시게 했다. 이 때 술잔은 뿔 모양이었다. 그는 유상대에서 그 지역의 문인들과 함께 즐거운 시간을 보냈을 것이다. 그러나 치원은 1년 남짓 이곳에 머물다가 부성(富城:현재의 서산)태수로 옮겼다. 그런데 그는 부성에서 무려 7년간이나 태수 직에 있었다.

경주 포석정

중국 난정

중국 난정의 유상곡수

7 함양 상림 숲에서 만난 최치원

함양에 도착한 최치원

최치원이 천령(天嶺:지금의 함양)으로 온 해는 894년경이다. 그런데 부성 태수에서 천령 군수로 부임하기 전 1년여 동안의 행적이 궁금하다. 반드시 이 기간이 아니지만 『삼국사기』 근거해서 최치원이 중국에 하정사(賀正使)로 다녀왔다는 설이 널리 알려져 있다. 즉 많은 사람들이 병부시랑 김처회(金處誨)가 당으로 사신가다 익사하는 터에 그를 하정사로 보냈다는 것을 기정사실로 받아들이고 있다. 그러나 치원이 재입당했다는 근거는 오로지 『삼국사기』뿐이다. 더욱이 그가 사신으로 다녀온 결과에 대해서도 한국이든 중국이든 어느 쪽도 전혀 기록이 남아 있지 않다. 그러니 이상한 일이 아닐 수 없다. 그래서 어떤 연구자는 이것이 치원이 중국에 다시 가지 않았다는 근거로 삼고 있다. 더욱이 당시는 당나라든 신라든 양측 모두 아주 혼란한 정국이었고, 그간 사신 왕래도 없다는 점까지 고려하면 충분히 근거 있는 지적이다. 나 역시 최치원이 귀국 후 중국 사신으로 다시 당나라에 갔다고 믿지 않는 사람이다. 왜냐하면 그가 만약 중국에 사신으로 갔다면 어떤 경우든 글로 남겼을 것이기 때문이다. 그렇게 글을 좋아하는 사람이, 그가 성장한 당나라에 간 사람이 관련 글을 한 줄도 남기지 않았다는 것은 있을 수 없기 때문이다. 김부식이 언급한 내용은 아마 최치원이 다른 사람에게 부탁을 받아 써준 대작(大作)일 가능성이 아주 높다. 치원의 글 중에는 대작이 아주 많기 때문이다.

최치원이 함양 군수를 지냈다는 흔적은 적지 않다. 나는 여러 차례 경상남도 함양에 들렀다. 갈 때마다 치원의 흔적을 만끽하고 돌아온다. 우선 함양읍으로 들어가면 이곳 행정 중심인 군청 앞에서 그의 흔적을 만날 수 있다. 그곳은 바로 학사루(學士樓, 유형문화재 제90호)이다. 학사루의 학사는 최치원의 귀국 후 헌강왕에게 받은 관직 이름에서 딴 것이고, 루는 2층이기 때문에 붙인 것이다. 학사루는 지방관리가 정무를 보면서 피로한 마음을 풀기 위하여 시를 짓고 글을 쓰면서 심신을 달랬던 곳이다. 그런데 최치원을 기리는 학사루는 그가 돌아가신 뒤에 중요한 역사적 아픔을 겪었던 곳이기도 하다. 그 주인공은 김종직이다. 그는 1470년(성종1) 예문관수찬지제교(藝文館修撰知製敎) 겸 경연검토관(經筵檢討官), 춘추관기사관(春秋館記事官)에 임명되었다가 늙은 어머니를 모신다고 하여 외직으로 나가 이곳 군수가 되었다. 그는 이곳에 부임한 후 당연히 최치원을 만나기 위해 학사루에 올랐다. 그런데 학사루에서 유자광의 시가 적혀 있는 현판을 철거해서 불태워버렸다. 김종직은 유자광의 존재를 인정하고 싶지 않았던 것이다. 이곳에 놀러 와서 지은 유자광의 시 내용이 궁금하다. 한 때 친구로 지냈던 두 사람의 관계가 이 일로 한층 험악해져 연산군4년(1498) 무오사화의 동기로 작용했다. 전하는 얘기이긴 하지만 학사루 옆에는 김종직이 심었다는 천연기념물(제407호) 느티나무가 두 사람의 정신처럼 싱싱하게 살고 있다. 학사루만 보고 이 나무를 보지 않는다면 뒷날 엄청 후회한다.

이곳 느티나무는 내가 본 느티나무 중에서 가장 힘 있게 살아있다. 이 나무는 나무도 500살이 넘었다. 이렇게 오랜 세월 동안 살면서도 피부에 흠하나 없이 지금껏 살아가고 있으니 감탄이 절로 나올 뿐이다. 특히 이 나무는 다른 느티나무와 다른 모습이다. 나무의 뿌리목 가까이에서 마치 두꺼운 책을 옆으로 세워서 나무를 받치고 있는 것 같은 보기 드문 모양새를 볼 수 있다. 이게 판자모양의 뿌리를 의미하는 '판근(板根, buttress root)'이다. 특수 조직인 판근은 일부가 땅위로 나오고 나머지는 땅속에 들어가서 옆으로 펴져 나무가 바람에 넘어지지 않은 역할을 한다. 이는 가로수에 버팀목을 해주는 것과 꼭 같은 효과를 지닌다. 열대지방의 나무에서 흔히 볼 수 있는 이러한 판근은 비가 아주 많이 내려 땅이 무르고 태풍에 대비하기 위한 나무의 전략이다.

김종직은 함양 군수 시절 마흔이 넘은 나이에 5살짜리 아들을 홍역으로 잃는 아픔을 겪었다. 그는 자식을 잃은 슬픔을 다음과 같은 시로 남겼다.

내 사랑 뿌리치고 어찌 그리도 빨리 가느냐
다섯 해 생애가 번갯불 같구나.
어머님은 손자를 부르고 아내는 자식을 부르니
지금 이 순간 천지가 끝없이 아득하구나.

죽은 아들의 이름은 목아(木兒)였다. 나무 아이라는 뜻이다. 자식이 태어난 해가 목성이어서 붙인 이름이지만, 느티나무를 바라보면 어린아이의 고통스런 얼굴이 겹친다.

함양 학사루

함양초등학교 앞 느티나무

느티나무 판근

학사루와 느티나무를 뒤로 하고 위천(渭川)으로 가면 최치원의 또 다른 흔적을 만난다. 위천은 함양읍성을 스쳐 넓은 들의 복판을 꿰뚫고 흘렀다. 그래서 매년 홍수로 농토와 가옥의 유실이 아주 심했다. 맑은 물을 상징하는 위천(渭川)을 따라 들어가면 울창한 숲과 만날 수 있는 것은 이곳에 최치원이 나무를 심었기 때문이다. 지금의 숲도 전국에서 찾아볼 수 없을 만큼 울창하지만, 처음엔 숲이 10 리 정도였다. 이제 그런 숲은 찾아볼 수 없고, 일부만 남아 있다. 현재 남아 있는 숲을 상림(上林)이라 부른다.

상림은 예사롭지 않은 이름이다. 이곳의 상림은 하림(下林)과 짝을 이루는 이름이지만, 상림이 갖고 있는 이름은 아주 거창하다. 상림은 천자의 동산이기 때문이다. 상림은 중국 진(秦)나라 황제의 어원(御苑)이었다. 섬서성 장안현 서쪽에 있었다. 최치원이 장안에 있던 시절에 보았을지도 모를 일이다. 중국의 상림은 진시황제가 만들고 한나라 무제가 다시 확장했다. 이곳의 주위는 삼백 리였으며, 그 중 36개의 원(苑)이 있었다. 이 숫자는 진나라가 처음 설치한 36군과 밀접한 관계가 있다. 진나라는 숫자 6을 숭상했다. 중국의 상림에는 당시 천하의 좋은 짐승과 수목을 갖추었다. 한나라 때는 상림원을 상림위(上林尉)가 관리했다. 워낙 넓어 이곳에는 12명의 위(尉)가 있었고, 위를 감독하는 사람도 8명이나 있었다. 위에게는 300석의 녹봉도 지급했다. 이러한 제도만 보아도 중국의 상림이 얼마나 중요한지를 알 수 있다. 중국 진나라 수도 함양에 상림이 있었던 것처럼 경상남도 함양에도 상림이 존재한다.

지금 상림은 누가 지킬까? 물론 지금은 함양군에서 지키지만, 여전히 이곳을 지키는 사람은 최치원이다. 아울러 이곳을 지키는 사람은 최치원을 기리는 자들이다. 이곳에는 최치원을 기리는 신도비와 정자가 숲 속에 있다. 사운정(思雲亭)은 바로 최치원의 호인 고운의 운을 빌려 최치원을 그리워한다는 뜻이다. 이 정자는 고종 46년(1906)에 경상남도 유림(儒林)과 정삼품 박정규, 김득창이 문창후 최치원 선생을 추모하기 위하여 건립하고 모현정(慕賢亭)이라 불렀으나, 고운 선생을 추모한다는 뜻에서 사운정이라 고쳐 불렀다. 함양의 시우회원들이 이곳에서 시조창을 즐겨 부르고 있으며, 천령제시 각종 문예 행사가 열려 군민의 사랑을 받는 곳이다. 함양군청 앞에도 돌에 같은 이름의 시를 새겨두었다.

천년 전에 학을 타고 내려온 신선이 있었다는데
우거진 숲에 가려 보이지를 않는구나
고을 원들의 칭송이 백리까지 자자하고
이 정자에서 보이는 경치가 예나 지금이나 아름답도다
꾀꼬리가 우는 소리 들으며 시를 짓는데
힘차게 헤엄치는 붕어를 보니 젊음이 그리웁구나
고을 사람들이 이런 물고기를 잡아 가는 것은 아쉬운 일이로다
이 모든 풍광이 선정의 덕으로 오랫동안 전해지리라

상림

최치원 신도비

사운정

최치원은 어떻게 나무를 심었을까?

한 지역의 하천은 그 지역 사람들의 생명줄이다. 그래서 물을 다스리는 치수(治水)는 지방관의 가장 중요한 임무였다. 중국의 고대 임금들이 치수에 목숨을 걸었고, 치수에 공이 있는 사람이 최고의 권좌에 올랐던 것도 바로 그 때문이다. 치수가 국가 경영에서 차지하는 비중은 지금도 크게 바뀌지 않았다. 특히 홍수는 가뭄과 비교할 수 없는 피해를 준다. 더욱이 한번 홍수를 입으면 곡물도 사람도 흔적도 없이 사라질 수 있다. 하천이 범람하면 그 주변 지역의 농사는 불가능하다. 농사가 이루어지지 않으면 농민은 물론 임금도 자리를 지킬 수 없다.

생명이든 권력이든 모든 것이 농사에 달려있기 때문이다.

치원이 함양에 부임했을 때도 위천은 이 지역민들에게 공포의 대상이었다. 늘 겪는 범람으로 많은 피해를 입었기 때문이다. 그 동안 많은 사람들이 이곳에 부임했지만 그 누구도 홍수를 방지할 수 있는 방법을 찾지 못했다. 이곳의 많은 지방관들이 홍수 방지책을 찾지 못한 것은 늘 같은 방법을 사용했기 때문이다. 임기동안 엄청난 공사비와 기간이 필요한 제방공사를 마무리한다는 것은 매우 어렵다. 그렇기 때문에 지방관들이 늘 홍수를 방지하기 위해 노력했지만 성공할 수 없었던 것이다. 그러나 최치원은 도착하자마자 그 동안 많은 지방관들이 사용한 방법과는 다른 방법을 찾았다. 그것은 다름 아닌 나무였다. 이는 그간의 지방관들이 돌로 홍수를 방지한 것과는 차원이 다른 것이다. 과연 이 당시 최치원은 어떻게 나무를 심었을까?

나무를 심기 위해서는 우선 심을 나무가 있어야만 한다. 과연 어떻게 수해방지용 나무를 구할 것인가? 지금은 나무 묘목을 길러서 사용할 수 있지만, 과거에는 그런 방법도 쉽지 않았다. 게다가 짧은 시간에 묘목을 길러서 심는다는 것은 거의 불가능하다. 그래서 치원은 다른 방법을 찾았다. 그 방법은 다름 아닌 큰 나무를 옮겨 심는 것이었다. 그러면 어디서 나무를 가져올 것인가? 가장 쉬운 방법은 주위에서 나무를 옮겨 심는 것이다. 그러나 당시 주변 산에 나무가 있었을까? 현재 상림 주변 산에는 숲이 울창하다. 그러나 당시에는 그렇지 못했다. 땔감으로 연료를 사용하는 시대에 주변 산에 숲을 찾기란 아주 어렵다. 숲이 존재한다면 그곳은 특별한 의미를 갖고 있는 봉금(封禁)지역일 것이다. 그러나 함양은 주변지역 산에 나무가 없더라도 조금만 나가면 많은 나무를 구할 수 있는 천혜의 고장이다. 함양을 하늘의 재를 의미하는 천령으로 불렸던 것만 봐도 알 수 있다. 함양 주변에는 크고 작은 산이 아주 많다. 이곳은 산으로 둘러싸인 곳이다. 함양은 백두대간의 마지막에 해당하는 두류산(頭流山), 즉 지리산의 관문이다.

최치원은 고민 끝에 이곳의 나무를 옮겨심기로 결정했다. 그러나 문제는 간단하지 않았다. 지리산의 나무를 옮기는 데 필요한 인력과 재정을 감당하기가 쉽지 않았기 때문이다. 치원이 가장 걱정한 것은 주민들의 반응이었다. 만약 주민들이 자신의 계획을 수용하지 않으면 불가능했기 때문이다. 치원은 이 문제가 행정력으로 해결할 수 없다는 것을 잘 알고 있었다. 그래서 관리들조차도 치원의 계획을 실현 불가능한 것으로 판단했다. 그러나 치원은 한 치의 흔들림 없이 일을 추진하기로 했다. 치원은 이 문제는 상식적인 방법으로 불가능하다고 생각하고, 특단의 조치를 취하기로 했다. 관리들에게는 이번 계획에 적극 참여하지 않을 경우 문책을 선언했다. 주민 못지않게 관리들의 적극적인 움직임 없이는 성공할 수 없었기 때문이다. 주민들에게는 왜 이렇게 해야 하는 지를, 어떤 혜택이 있는지를 직접 설명하기로 했다. 그는 몇 칠을 집집마다 찾아다니면서 자신의 계획과 방법을 설명하고, 헌신적인 동참을 호소했다. 이곳 주민들도 치원의 정성에 감동했는지 차츰 반신반의 하던 생각을 버리고 하나 둘씩 참여를 알려왔다. 시간이 지나면서 많은 사람들이 적극적으로 나서기 시작했다. 그들 역시 다른 방법이 없다는 것을 잘 알고 있었지만, 그 동안 지방관들의 정책이 모두 실패한 것을 목격했기에 선뜻 나설 수 없었던 것이다. 그러나 최치원의 적극적인 설득과 더불어 수해를 방지 하지 않고서는 자신들이 살 수 없다는 절박한 처지 때문에 결국 동참했던 것이다.

집집마다 형편에 맞게 나무를 옮기는 데 참여했다. 부자들은 소를 제공하기도 했지만 대부분 지게와 몸과 간단한 도구로 참여했다. 나무는 주로 지리산 입구 주변에서 가져왔다. 종류는 옮겨도 잘 사는 나무로 선정했다. 소나무처럼 옮겨도 잘 살지 않는 것은 실패할 가능성이 높았기 때문이다. 이른 봄에 시작한 이 작업은 함양군이 생긴 이래 가장 큰 사업이었다. 십리 길에 나무를 조성하는 데 걸린 시간과 인력은 실로 엄청났다. 치원은 참여 주민들을 둘로 편성했다. 한쪽은 나무를 옮겨오고, 다른 한쪽은 심도록 했다. 이렇게 한 이유는 옮겨온 나무를 보관할 방법이 쉽지 않았기 때문이다. 어렵게 옮겨온 나무가 만약 죽는다면 그것 역시 큰일이었기 때문이다.

옮긴 나무를 심는 데 사용한 도구는 호미였다. 일설에는 최치원이 하루 만에 호미로 나무를 모두 심었다고 한다. 그래서 지금도 상림 숲(천연기념물 제154호)에는 나무를 심고 걸어두었다는 '금호미 다리'가 있다. 이러한 전설은 그 만큼 최치원이 이 사업에 목숨을 걸었다는 것을 의미한다. 이처럼 위대한 사업에 전설이 없다면 오히려 이상하다. 치원의 어머니도 자식이 한 일이 정말 대견스러워 어느 날 숲으로 갔다. 나무 한 그루 한 그루를 만지면서 거닐고 있는데 갑자기 뱀이 나타났다. 치원의 어머니는 깜짝 놀라 집으로 돌아왔다. 치원의 어머니는 업무를 마치고 돌아온 치원에게 말했다. 치원은 당장 그곳으로 달려

갔다. 만약 이곳에 뱀과 같은 양서류와 곤충이 있으면 자신이 조성한 숲이 존속할 수 없다고 생각했기 때문이다. 그는 이곳이 단순히 홍수를 막는 숲이 아니라 이곳 주민들이 함께 어울릴 수 있는 공간이길 바랬다. 그런데 만약 이곳에 뱀, 개구리, 곤충 등이 마음대로 산다면 사람들이 이곳에 올 수 없고, 사람들이 이곳에 오지 않으면 관리도 어려울 수밖에 없었다. 치원은 숲에 도착해서 주문을 외운 뒤, "이 숲에서 뱀, 개구리, 개미 등은 모두 사라져라. 그리고 다시는 이 숲에 들지 마라."

이 일은 금방 마을 사람들의 귀에 들어갔다. 마을 사람들은 정말 뱀과 개구리 등이 나타나지 않는지 일부러 숲으로 가보았다. 그 뒤로 그 누구도 뱀과 개구리와 곤충을 본적 없었다. 그들은 최치원의 신통력을 믿었다. 지금도 상림 숲에는 뱀도 개구리도 없다. 심지어 모기와 파리조차 없다. 최치원의 신통력은 지금까지도 효험을 발휘하고 있는 셈이다.

금호미다리

상림을 노래함

상림 숲에는 어떤 나무가 살고 있을까? 이곳에는 120종, 2만 그루의 나무가 있다. 하나 같이 활엽수이다. 가장 많은 나무는 참나뭇과이다. 자작나뭇과의 서어나무도 많다. 이 나무들은 모두 키가 크다. 그래서 여름에는 하늘이 보이지 않을 만큼 울창하다. 상림은 이제 관광 명소라서 주말에는 발 디딜 틈조차 없을 만큼 많은 사람들이 찾는다. 주위에는 연밭까지 조성하여 사람들을 불러 모은다. 한 가지 걱정스러운 것은 이곳의 숲이 사람들을 수용하기에 벅차지 않을까하는 것이다. 상림 숲은 이젠 사람들의 숨소리와 발소리 때문에 숨을 쉴 수 없을 지경이다. 특히 봄에서 가을까지 상림 숲은 몸살을 앓는다. 아름다운 숲이 있으면 사람들이 흥이 난다. 어떤 이는 노랠 부르고, 어떤 이는 그림을 그린다. 시인은 시를 남긴다.

함양을 찾는 이유는 사람마다 다르겠지만 상림 때문이다. 그 만큼 상림은 함양의 얼굴이다. 그러니 최치원은 함양을 알리는 홍보대사인 셈이다. 함양의 선비 하기현(河璂鉉)의 시가 이런 사실을 잘 대변한다.

함양의 얼굴 모습은 여기가 먼저이다(咸陽眉目此爲先)
고운이 손수 심은 해 아득하여라(難記孤雲手植樹)
나무마다 공덕 아닌 게 없으니(樹樹無功德相)
좋은 그늘은 넓게 만인을 덮어주네(芳陰普被萬人邊)

상림이든 어디든 나무를 사랑하는 사람은 계절마다 아름다움을 느낄 수 있다. 그러나 대부분 사람들은 특정 계절을 선호한다. 우선 화려하기 때문이다. 화려한 것을 아름답게 생각하기 때문이다. 식물이든 동물이든 거의 예외 없이 화려한 것을 좋아하니 사람인들 어찌 초탈할 수 있겠는가? 사람들이 좋아하는 계절은 봄과 가을이다. 봄은 꽃 때문이고, 가을은 단풍 때문이다. 하기현도 그렇게 읊고 있다.

봄놀이 노래는 날마다 이곳저곳 넘치고(春遊歌管日西東)
제일 번화한 때는 사월이라네(第一繁華四月中)
늦가을 붉고 누른 색 볼수록 아름답고(秋後丹黃看更艶)
우거진 십리 숲 비단 병풍이라네(森然十里錦屛風)

함양 군수를 지낸 김종직인들 어찌 상림 숲을 노래하지 않았을까. 일부만 들어보자.

대관림 가운데 술 불러다 마시는데(大館林中招麴生)
깊은 가을 초목 푸른 옥빛이 말끔하네(深秋草樹肅青熒)
어찌 그대 즐기는 게 꼭 관현악 소리뿐이랴(何必娛君絲與竹)
단풍소리는 쓸쓸하고 계곡물은 싸늘하다네(楓能瑟瑟澗冷冷)

한 시인은 봄과 가을을 읊었고, 또 다른 시인은 가을을 읊었다. 한 시인은 상림의 모습만 관찰했지만, 다른 한 시인은 대관림(상림의 옛 이름)단풍도 음악으로 들었다. 이 세상에서 가장 아름다운 음악이 자연의 소리라면 후자의 시가 훨씬 격조 높다. 그러나 김종직은 이곳에서 술판을 벌였나보다. 지금은 술판을 벌일 수 없다.

상림 숲에 대한 여름과 겨울 시는 찾아보기 어렵다. 여름은 대개 시인들의 관심 밖인가 보다. 겨울은 더더욱 관심을 끌지 못한다. 화가들이 종종 겨울 숲을 그리지만 시인들은 그렇지 않는가보다. 그러나 요즘 시인은 다르다. 최근에는 숲에 대한 관심이 높아 구체적인 나무 이름을 불러준다. 젊은 시인의 상림 관련 시가 마음을 끈다.

「붉새」

함양 상림 떡갈나무숲을 지나며 바람이 머리를 땋는 것을 보았다 누구나 처녀였던 것처럼, 어느 처음엔 한 덩어리였을 바람 강물이 교각 사이를 지나며 물결을 얻듯 바람은 나무 사이를 지나며 결을 얻는다 서 있는 것들에 찢겨져 얻게 되는 무늬, 오래 거쳐 온 것일수록 가늘게 갖는 결을 나는 늙은 여자의 몸속에서 만났다 붉은 속살이 열어놓은 일몰의 깊이로 빳빳한 허기를 세워 밀어 넣었다. 세월의 조각도가 새기는 어둠마다 나날이 첫 피가 비쳤으니 훗날, 어느 저녁의 갈피가 나를 탁본해낼 것인가 지나간 것들이 모른 듯 긋고 간 만큼씩의 상처를 강물이 교각 둘레에 물이끼를 치듯 서 있는 것들도 제 속에 주름으로 새기는데 시간의 갈비뼈에 꽂힌 여자여, 먼 함양 상림이 너절한 치마폭을 펼치는 저녁, 한 그릇 세발 바람을 비벼먹는 어둠의 혓바닥 처음처럼 붉어

(신용목, 『바람의 백만번째 어금니』)

도전 : 개혁안, 「시무십조」를 올리다

관직에 있으면서 제도를 바꾸는 일은 아주 힘들다. 자신을 임명한 사람에게 직접 개혁안을 제시하기란 매우 어렵다. 따라서 어느 시대든 몸소 개혁을 주장하거나 실천한 사람은 언제나 높게 평가할 수 있다. 최치원을 높이 평가하고 있는 것 중 하나도 그의 개혁안이다. 그의 개혁안을 흔히 「시무십조(時務十條)」라 한다. 이는 당시 상황에 대한 열가지 해야 할 일을 의미한다. 그러나 그가 진성왕에게 올렸다는 시무십조는 현재 그 내용이 전하지 않는다. 아마도 현 시국에 대한 걱정과 나름의 대안을 제시했을 것이다. 왜냐하면 역사에서 '시무책'은 늘 그런 성격을 띠고 있기 때문이다. 시국에 문제가 없다면 그런 글을 올릴 이유가 없다. 그러니 분명 현 시국에 대한 비판적 글일 것이다. 많은 사람들이 자신이 처한 불만을 언급했을 것이라 하지만 반드시 그렇게만 생각할 필요는 없을 것이다. 많은 연구자들이 그가 신분제도의 문제점을 지적하고, 능력 중심으로 사람을 뽑을 것을 건의했을 것으로 추측한다. 그러나 과연 그 당시에 그가 신분제도의 문제점을 근본적으로 제기할 만큼 봉건제도 자체에 대한 비판의식을 가졌을지는 의문이다. 아울러 글이 남아 있지 않은 탓에 이 글을 언제 작성했는지도 의견이 분분하다. 단지 함양군수 시절 혹은 그 이전일 것이라는 게 중론이다.

시무십조의 내용을 모르면서도 왕이 그것을 받아들여 6두품으로는 가장 높은 아찬(阿湌)직은 받았다는 설이 지배적이다. 그러나 여전히 시무십조와 승진관계는 불분명하다. 양자 간의 관계가 불분명하더라도 한 가지 분명한 것은 진성왕이 그를 평소에 상당히 좋게 평가하고 있었다는 점이다. 더욱이 그가 개혁안을 올린 사실은 이 당시까지 정치에 상당한 관심을 갖고 있었다는 것을 보여준다. 개혁안은 국가 정책에 대한 강한 애정 표현이기 때문이다. 개혁안을 올린 후에도 왕명에 따라 887년과 893년에 각각 「쌍계사진감선사대공탑비(雙谿寺眞鑑禪師大空塔碑)」, 「성주사낭혜화상백월보광탑비(聖住寺朗慧和尙白月葆光塔碑)」, 「봉암사지증대사적조탑비(鳳巖寺智證大師寂照塔碑)」 등을 저술한 것만 봐도 적어도 왕조에 협조하고 있었다. 이 3편의 비명은 이보다 2년 전에 쓴 「대숭복사비문(大崇福寺碑文)」과 함께 사산비명(四山碑銘)이라 부른다.

시무십조는 최치원을 역사상의 주요 인물로 평가하는 잣대 중 하나이면서 그의 집을 상서장(上書莊, 경북기념물 제46호)이라 부를 만큼 영향력이 대단했다. 나는 온 국민이 폭염에 시달리던 어느 날 상서장을 찾아 나섰다. 그러나 처음 찾는 사람들은 상서장을 찾아가는 길은 험하다. 상서장을 안내하는 간판이 부족하기 때문이다. 상서장 앞에 가지 않고서는 상서장이 어디에 있는지 찾기란 어렵다. 상서장 역시 문화재이건만 다른 문화재에 비해 홀대받고 있다. 게다가 직접 찾아가면 정문은 굳게 닫혀있고 겨우 쪽문만 열려있다. 경내에도 관리 흔적이 거의 없다. 정말 상서장은 무관심 속에 방치하고 있는 셈이다.

상서장 안에 최치원의 영정이 있지만 볼 수 없었다. 다만 경내에는 건물과 영정 외에도 볼 게 있다. 상서장에는 다른 문화재 지역에서 흔히 볼 수 없는 게 있다. 그것은 바로 정문 안 북쪽에 살고 있는 콩과의 조각자나무이다. 조각자나무는 주엽나무처럼 이 나무에 달린 가시를 염두에 두고 붙인 이름이다. 주엽나무도 한자로 조각수(皁角樹)라 부르고, 조각자나무도 조협수(皁莢樹) 혹은 약용조각자(藥用皁角子)라 불러 두 나무는 거의 구별하기 어렵다. 단지 다른 점은 조각자나무는 주엽나무보다 열매의 꼬투리가 꼬이지 않을 뿐 아니라 가시도 굵은 편이다. 조각자나무는 중국 원산인지라 중국주엽나무라 부른다. 주엽나무와 조각자나무는 모두 약재로 많이 사용했다. 『동의보감』이나 『본초강목』 등에 두 나무에 관한 약효를 자세하게 기록하고 있다. 특히 조각자나무는 한자 약용조각자에서 보는 것처럼 약용으로 유명하다. 『감응신선전(感應神仙傳)』에 나오는 아래의 내용도 한 예이다.

최언(崔言)이라는 사람은 친기군(親騎軍)을 보좌했다. 그는 어느 날 갑자기 병을 얻었다. 병의 증세는 두 눈이 어두워 한치 앞의 사람도 분간할 수 없었을 뿐 아니라 눈썹도 빠졌다. 아울러 코도 문드러지고 피부도 심한 악취가 났다. 그런데 다행히 양주(洋州)에 사는 어느 도인을 만나 병을 낫게 할 수 있는 처방을 알 수 있었다. 그 처방이 바로 조각자를 다려 먹는 것이었다. 그는 조각자로 만든 약을 먹고 눈썹도 다시 나고 악취도 말끔히 사라졌을 뿐 아니라 눈도 그 전보다 좋아졌다.

최치원을 기념하는 곳에 조각자나무가 있는 것은 그가 중국에 유학했기 때문일 것이다. 이러한 예는 경상북도 경주시 안강읍 옥산리

독락당(獨樂堂, 보물 제413호)에 조각자나무(천연기념물 제115호)가 있다. 이는 조선 중종 27년(1532) 회재 이언적이 잠시 벼슬을 그만두고 고향으로 내려와 독락당을 짓고 학문에 전념할 때 중국에 사신으로 다녀온 친구에게 종자를 얻어 심은 것이다. 이곳의 중국주엽나무는 나이가 약 470살이다. 회재 이언적 선생과 관련한 양동마을의 관가정(觀稼亭)에도 조각자나무가 있다. 상서장의 조각자나무는 독락당 것보다 어리다.

상서장에서 배롱나무를 발견하는 것은 결코 새로운 게 아니다. 대부분의 문화재에서도 이 나무를 발견할 수 있기 때문이다. 단지 배롱나무를 중요한 문화재 구역에 어김없이 심는 것은 이 나무가 갖고 있는 특징 때문이다. 이 나무는 다른 나무와 다른 점이 있다. 다른 나무들은 대부분 껍질이 있지만 이 나무는 껍질이 없다. 껍질이 없으니 겉과 속이 같다. 그래서 이 나무를 겉과 속이 같은 사람에 비유한다. 붉은 꽃잎도 이 나무를 즐겨 심는 이유 중 하나이다. 이 나무의 꽃은 곧 일편단심(一片丹心)의 '단심'이다. 이는 이 나무의 껍질과 함께 변치 않는 붉은 마음이다. 상서장 안의 참나뭇과의 상수리나무도 놓칠 수 없다. 북쪽 담 쪽의 아주 키 큰 상수리나무는 최치원을 상징하는 젓나무처럼 기상이 대단하다. 이 나무는 젓나무처럼 늘 푸르지 않고 잎 떨어지지만 그 기상은 젓나무 못지않다.

상서장 앞 유허비

상서장

문창후최선생상서장비각

문창후최선생상서장비

상수리나무

조각자나무

최치원 영정각

배롱나무

불길한 징조

불길이 한번 일어나면 쉽게 진압할 수 없다. 둑도 마찬가지다. 어딘가 구멍이 나면 걷잡을 수 없다. 한 사회도 마찬가지다. 아래에서 곪아 터지면 근본 원인을 진단하지 않고서는 문제를 해결할 수 없다. 최치원이 개혁안을 올렸더라도 기울어가는 거대한 신라를 일으켜 세울 수는 없었다. 이 당시는 개혁 의지를 가진 왕이라도 어려울 만큼 누란지경이었다. 하물며 신하로서 개혁안을 올린다고 근본적인 문제가 해결될 수 없다. 그러나 최치원은 나름대로 최선을 다했다. 당시 해인사 스님들도 굶주린 장병들을 위해 농촌으로 다니면서 벼를 희사시켜 군량에 충당하고 그 나머지로 묘길상탑을 세웠다. 이는 오로지 전란에 죄 없이 목숨을 잃은 고혼들의 명복을 빌기 위한 것이다. 최치원은 이 비의 글을 썼다.

894년 10월 궁예가 하슬라(강릉)에 진입하여 장군이라 칭했다. 내란이 계속되자 897년 7월 진성왕은 효공왕(孝恭王)에게 양위하는 방안으로 문제를 수습하려 했다. 두 왕은 이 사실을 중국에 알리는 글이 필요했다. 두 사람은 최치원의 문장력과 중국의 연고를 고려하여 그에게 표문(表文)을 짓게 했다. 최치원은 두 임금이 중국 황제에게 보내는 글을 통해 신라가 처참한 상황을 드러내고 있다. 889년 들어 사태는 더욱 악화되었다. 지방에서 조세를 안 바쳐 국고가 비었고, 왕이 사자를 보내 이를 독촉했으나 도리어 이 때문에 도처에서 반란이 벌떼처럼 일어났다. 원종(元宗) 애노(哀奴) 등이 사벌주, 즉 지금의 상주(尙州)에서 반기를 들었으며, 891년에는 북원, 즉 지금의 원주(原州)의 양길(梁吉)이 부하 궁예(弓裔)를 시켜 영주(溟州) 관내 10여 군현을 빼앗았다. 892년에는 비장(裨將) 견훤이 완산, 즉 지금의 전주(全州)에서 후백제(後百濟)를 일으켰다. 반란군의 세력은 날로 기세를 올려 900년에는 자신을 신라 서남도통(西南都統)'으로 부르던 견훤이 드디어 왕을 칭하고, 이어 양길과의 싸움에서 이긴 궁예도 901년 왕을 칭하니 이른바 후삼국시대가 온 것이다. 그러나 신라는 속수무책이었다. 신라왕은 영토가 날로 줄어드는 것을 듣고 매우 걱정했으나 이를 방어할 힘이 없었다. 단지 각 성주에 명하여 "출전하지 말고 성벽을 굳게 지키기만 하라"고 지시할 뿐이었다. 907년에는 드디어 당나라가 망했다는 소식도 들려왔다. 조국도 중국도 반란자들이 왕이 되었다. 치원은 이 소식을 듣고서도 아무 일도 할 수 없었다.

치원은 더 이상 머물 곳이 없었다. 관직 생활도 그에게 무의미한 듯 했다. 세상이 한치 앞을 볼 수 없는 상황에서, 자신의 주장을 들어줄 만한 사람도 없는 마당에 더 이상 머뭇거릴 이유는 없었다. 그러나 그렇다고 완전히 세상과 이별하고자 했던 것은 아니다. 그가 진정 중국에서 정통으로 유학을 배웠다면, 그가 유학자로 살려 작정했다면, 세상이 어지럽다고 숨지는 않았을 것이기 때문이다. 세상에는 어쩔 수 없는 상황, 즉 '부득이(不得已)한' 상황이 있는 법이다. 치원이 관직에서 떠나려했던 것도 부득이한 결정이었다. 진정한 유학자는 나가고 물러나는 출처(出處)가 분명해야만 한다. 그렇지 않으면 구차한 삶일 수밖에 없다. 그는 함양을 떠나기로 했다.

함양을 떠나는 날, 치원은 상림에 갔다. 언제 올지도 모를, 어쩌면 영영 못 올지도 모를 상림이라 생각했기 때문이다. 그는 평생 동안 별로 한일 없었지만, 그래도 가장 가슴을 찡하게 했던 일이 상림 숲 조성이라 생각했다. 무엇보다도 아주 어려운 일을 백성들과 한마음으로 해결했다는 사실에 자부심을 느꼈다. 조정에 자신을 뜻을 펼치는 데는 실패했지만, 상림 숲 조성은 자신의 뜻을 마음껏 펼칠 수 있는 유일한 '개혁'이었던 것이다. 그는 이 세상에서 가장 훌륭한 개혁이 백성과 더불어 직접 생존 문제를 해결하는 것이라 생각했다. 그는 백성들의 근심을 함께 해결하는 것보다 훌륭한 개혁은 없다고 생각했다. 게다가 그는 자신의 개혁이 당장의 현안을 해결할 뿐 아니라 장래 후손들에게까지 그 영향을 미칠 수 있다고 확신했다. 이런 생각에 발걸음도 한층 가벼웠다.

8 환장할 봄날, 고운사 가는 길

산사(山寺)의 봄은 도시보다 몇 박자 느리다. 도시에 꽃이 졌더라도 산사에 가면 만개한 꽃을 볼 수 있다. 고운사(孤雲寺)는 온통 구름과 인연을 맺고 있다. 고운사 이름은 물론 이 절을 감싸고 있는 산도 등운산(騰雲山)이다. 최치원이 여지(如智)·여사(如事) 두 승려와 함께 지었다는 가운루(駕雲樓)와 우화루(羽化樓) 중 가운루도 구름을 타고 올라간다는 뜻이다. 아울러 우화루도 우화등선(羽化登仙)의 약자이고, 사람의 몸에 날개가 있어 하늘로 올라가 신선이 된다는 뜻이다. 이곳이 온통 '구름'으로 덮인 것은 의상대사와 최치원 때문이다. 더욱 놀라운 것은 이 사찰이 우리나라에서 화엄종(華嚴宗)을 연 의상(義湘))대사가 창건한 절이면서도 최치원의 호를 딴 이름으로 남아 있다는 점이다.

고운사는 의사대사가 당나라에서 귀국한지 10년째 해인 681년(신문왕1)에 창건했다. 창건 당시 사찰의 이름은 고운사(高雲寺)였다. 그런데 최치원이 이곳에 와서 가운루와 우화루를 짓고 난 후 이름을 최치원의 호로 바뀌었다. 이 일이야말로 놀라운 일이 아닐 수 없다. 왜냐하면 의사대사는 우리나라 불교사에서 대단히 중요한 인물이고, 불교사에서는 최치원과 비교할 수 없을 만큼 대단한 분이기 때문이다. 그런데도 의상이 붙인 이름을 걷어내고 이름을 바꾼 것은 의상의 자리를 최치원에게 넘겨준 것이나 다름없다. 물론 의상이 붙인 고운사보다 최치원의 호가 한층 운치 있기 때문에 바꿀 수도 있다. 그러나 사찰의 이름은 그런 이유로 바꿀 수 있는 것은 아니다. 더욱이 의상은 당나라에서 귀국한 지 5년째인 676년에 문무왕의 명령으로 부석사를 지은 후 전국에 10여개의 화엄종 사찰을 지은 대사이다. 업적으로 보아도 의상대사는 최치원보다 많다. 그는 644년(선덕여왕 13) 황복사(皇福寺)의 승려로 시작하여 661년(문무왕 1) 바닷길로 당나라에 가서 지엄(智儼)의 문하에서 현수(賢首)와 더불어 화엄종을 연구하고 671년 귀국했다. 10년만의 귀국이었다. 그는 최치원보다 214년 전에 중국에서 돌아왔다. 의상대사 역시 최치원과 마찬가지로 당나라 유학파였다. 나에게 고운사의 개명은 여전히 풀리지 않은 의문이다. 그러면 최치원은 왜 이곳에 갔을까?

고운사의 가운루와 우화루를 언제 지었는지 알 수 없다. 그러나 누의 이름만으로도 그가 어떤 생각을 갖고 있었는지 알 수 있다. 가운루나 우화루 모두 신선을 상징한다. 이 누의 이름에는 도교적인 냄새가 짙게 묻어난다. 하필 그가 이곳에 간 데는 무슨 특별한 이유라도 있었을까? 아마 의상 때문일지도 모른다. 최치원의 입장에서 보면 의상은 당나라 유학생 선배이다. 화엄종의 도량인 고운사에 들려 누를 지은 것은 자신의 염원을 이곳에서 펼쳐보기 위해서였는지도 모른다. 화엄종의 교리인 이사무애법계(理事無碍法界)와 사사무애법계(事事無碍法界)가 우주 만물이 서로 융통하고 화해하며 무한하고 끝없는 조화를 말하듯이, 그 역시 쇠퇴일로에 있었던 신라 사회를 나름대로 통합하는 방법을 찾았을 것이다. 그러면서도 누의 이름에서 보듯이 답답한 현실을 벗어나고 싶은 욕망도 일어나고 있었다.

고운사 일주문에서 곧장 들어가는 길도 참 아름답다. 그러나 들어갈 때든 나올 때든 한번은 동남쪽 산길을 이용하면 운치도 있을 뿐 아니라 최근에 만든 최치원의 시도 만날 수 있다. 더욱이 이 길에서는 참꽃도 만끽할 수 있다. 이 길가에는 나무에 아래 시를 감상할 수 있는 기회도 갖는다.

<추야우중(秋夜雨中)>
가을바람에 괴로이 읊나니(秋風唯苦吟)
세상엔 날 알아주는 이 적네(世路少知音)
창밖엔 삼경의 빗소리(窓外三更雨)
등불 앞엔 만 리로 내닫는 이 마음(燈前萬里心)

봄에 가을 시를 접하는 게 묘하지만, 이 시는 120편에 달하는 작품 중 그의 심정을 가장 잘 드러내고 있다는 평가를 받고 있다. 학창시절 외워 시험까지 치렀던 작품이기에 더욱 정겹다. 그러나 이 시를 여러 번 되씹고 나면 왠지 씁쓸한 마음을 금할 수 없다. 시 중 두 번째 구에서는 안타까운 심정마저 든다. 과연 그가 바란 것은 무엇인가? 고위직에 오르는 것이었던가? 과연 누가 누굴 알아준단 말인가? 세상엔 오로지 자신만이 자기를 알아줄 뿐이지, 다른 사람이 알아줄 수 있단 말인가? 이 시가 그저 그의 넋두리라면 구태여 의미를 부여할 필요조차 없을 것이다. 그러나 많은 사람들이 이 시를 최치원의 신세타령으로 파악하고 있다.

많은 사람들이 최치원을 자신의 능력만큼 출세하지 못한 사람으로 평가한다. 그러나 나는 생각이 다르다. 최치원은 자신의 당대에도 중앙 요직은 아닐지라도 지방관직을 두루 거쳤다. 더욱이 그는 귀족의 견제가 없지 않았지만 헌강왕을 비롯한 다른 왕에게도 줄곧 적지 않은 총애를 받았다. 당시 당나라 유학생 중에서 최치원만큼 총애를 받은 사람도 드물 것이다. 아울러 그가 유학생일지라도 젊은 귀족제 아래서 젊은 나이에 고위직에 오를 수 있는 형편이 아니었다. 귀국하자마자 그에게 고위직이나 요직을 맡길 수는 없는 법이다. 그런데도 위의 시가 당나라에서 지었든, 귀국 후 지었던 간에 자신을 알아주지 못한 것을 드러냈다는 것은 그가 보통 사람들이 생각하는 것보다 훨씬 관직에 대한 욕심이 많았던 사람일지도 모른다. 설령 '지음(知音)'이 단순히 정치적인 욕심이 아니라 자신의 속마음을 알아주는 사람을 의미할지라도, 뭔가 원망하고 있는 것만은 분명하다. 최치원이 존경했을 법한 공자 역시 많은 것을 원망한 사람임을 상기하면 젊은 최치원에게 왜 원망이 없었겠는가? 그래서 공자도 "다른 사람들이 알아주지 않아도 화내지 않으면 또한 군자가 아니겠는가(人不知不慍, 不亦君子乎)?"라 하지 않았는가. 그도 분명 이 구절을 알고 있었을 것이다. 그러나 읽는다고 실천하는 것은 아니다. 그 만큼 실천은 어렵다.

누굴 원망하지 않는 것만큼 어려운 것도 드물다. 그래서 공자도 “하늘을 원망하지 않고 다른 사람을 원망하지 않는 것(不怨天, 不尤人)”을 자신의 신념으로 생각했다. 이 일이 어렵지 않다면 옛 성인들이 말할 필요조차 없었을 것이다. 누구나 할 수 있는 일이라면 『회남자(淮南子)』의 아래 글도 남아 있지 않을 것이다.

성인은 아무리 착한 일을 했어도
부족하지 않았는지 걱정하고,
재앙을 당하지 않기 위해 아무리 대비를 했더라도
재앙을 피하기 어렵다는 것을 늘 마음에 두려워한다.
먼지 속에 서서 티가 눈에 들어가지 않기를 바라며,
물로 걸어가면서 옷이 젖지 않기를 바랄 수는 없다.
스스로를 아는 자는 남을 탓하지 않고,
명을 아는 자는 하늘을 원망하지 않는다고 한다.
복을 받는 것도 내게 달렸고 화를 입는 것도 내게 달려 있다.
성인은 칭찬 듣기를 원치 않으며, 비난을 하지도 않는다.
항상 몸가짐을 바르게 하고 행실을 곧게 하며,
그 덕을 이웃에 미치게 한다.
모든 사악(邪惡)이 덕화(德化)되어 사라질 것이다.

고운사 입구

고운사 고운대암

고운사 가운루

고운사의 벚꽃

고운사의 참꽃

추야우중 시 팻말

9 최치원은 왜 해인의 바다로 왔는가?

지리산과 동백섬 유람

최치원은 자신을 늘 구름 같은 존재로 생각했다. 하늘에 둥둥 떠돌아다니는 구름이야말로 자신의 처지와 같다고 생각했기 때문이다. 사실 그는 그런 삶을 살았다. 12살에 중국 당나라에 유학해서 16년 동안 그곳에 살았고, 돌아온 후에도 지방관 생활로 고향을 떠나 있었다. 그의 호에 대해서도 의견이 분분하지만 그와 관련한 자든 호든 구름과 연결해서 부르는 것은 그만큼 그의 삶이 구름 같았기 때문이다. 그의 또 다른 호인 해운(海雲)도 마찬가지였다. 부산을 상징하는 것 중 하나인 해운대가 바로 최치원의 호를 빌린 것이다. 지금 그곳엔 그의 동상이 있다.

그는 관직을 그만 두고 새로운 삶을 살기로 작정했다. 그렇다면 과연 어디로 갈까? 관직을 그만두기까지 몇 날 며칠을 고민했다. 막상 모든 것을 접고 떠나려니 어디로 가야할지 몰랐다. 정작 가야 할 경주 고향에는 갈 수 없었다. 그게 치원의 마음을 무겁게 했다. 한 인간이 세상에 태어나 고향을 찾지 못하는 것만큼 슬픈 일도 없다. 치원을 만약 불행한 사람이라 평가한다면 바로 이 점일지도 모른다. 모든 사람들이 고향에 가고 싶은 것은 아닐 테지만, 따지고 보면 고향 아닌 곳이 없을 테지만, 그래도 자신이 태어난 곳에서 죽고 싶은 게 인지상정이다. 어떤 일이 잘 풀리지 않을 때 가장 먼저 찾는 곳이 고향이다. 고향은 인간이 돌아가야 할 자궁 같은 곳이다. 고향을 제외하고는 어디든 갈 수 있었지만, 막상 갈 곳을 찾으니 마땅한 곳도 많지 않았다. 그가 생각한 곳은 산사였다. 사찰이 반드시 좋아서라기보다 그곳이 자신의 몸을 숨긴 채 살아갈 수 있는 최적지였기 때문이다. 그는 산사에 들어가면 다시는 나오지 않을 작정이었다.

스님아, 청산이 좋다고 말하지 마오(僧乎莫道青山好)
산이 좋다면 무슨 일로 다시 산을 나옵니까(山好何事更出山)
두고 보시오, 다른 날 나의 종적을(試看他日吾踪跡)
한번 청산 들어가면 다시는 돌아오지 않으리(一入青山更不還).

치원은 가야산 해인사로 가기로 했다. 그가 가야산을 택한 것은 자신을 잘 이해해주는 희랑 스님과 형인 현준 스님이 계셨던 점도 있지만, 무엇보다도 세상과 단절하기에 이곳이 가장 적합하다고 생각했기 때문이다. 이곳은 질병과 군대, 그리고 가뭄과 홍수가 없는 천혜의 길지이다. 그는 이곳에 들어가 자신을 세상과 격리시켜 그 안에서 마음껏 즐기고 싶었다. 그 동안 그는 고국에서 한 번도 마음 편하게 자신을 돌아볼 날이 없었다. 이제 세상이 자신을 받아주지 않는 것을 핑계 삼아 조용하게 자신의 세계를 펼치고 싶었던 것이다. 그는 가야산 해인사가 적격이라 생각했다. 게다가 치원이 이곳을 택한 것은 해인사가 갖는 의미 때문이기도 했다. 해인사는 대승 경전의 최고봉인 『대방광불화엄경(大方廣佛華嚴經)』, 즉 화엄경에 나오는 '해인삼매(海印三昧)'에서 빌린 것이다. 해인삼매는 있는 그대로의 세계를 한 없이 깊고 넓은 큰 바다에 비유하여 거친 파도, 즉 중생의 번뇌 망상이 비로소 멈출 때 우주의 갖가지 참된 모습이 그대로 물속에(海)에 비치는(印) 경지를 말한다. 이렇게 여실(如實)한 세계가 바로 부처님의 깨달음이요 우리 중생의 본디 모습이니, 이것이 곧 해인삼매의 가르침이다. 이러한 정신을 바탕으로 해인사는 해동(海東) 화엄종의 시조인 의상대사의 법손인 순응(順應)화상과 그 제자인 이정(理貞)화상이 신라 제40대 임금 애장왕 3년(802)년 왕과 왕후의 도움으로 지금의 대적광전 자리에 창건했다.

그는 가야산으로 가기 전에 지리산에 들리기로 했다. 지리산은 그 동안 꼭 가보고 싶었지만 업무 때문에 갈 수 없었던 곳이다. 그런 다음 동래에 들리기로 했다. 치원이 동래에 들리려고 작정한 것은 가야산으로 들어가면 영영 나올 수 없다는 생각이 들었기 때문이다. 더욱이 어린 시절 고향 경주에서 한없이 보았던 바다도 그리웠기 때문이다. 그는 동래에서 고향냄새를 맡고 싶었다. 치원은 가족을 먼저 가야산 해인사로 보냈다. 짐을 실고 지리산에 함께 갈 수 없었기 때문이다. 그는 간단하게 짐을 챙겨 길을 나섰다. 짐 속에는 몇 권의 책과 문방사우(文房四友)가 들어 있었다. 하동에 도착해서 화개로 들어갔다. 지명대로 꽃이 피고 있었다. 그는 먼저 쌍계사로 들어가 887년(정강왕 2) 자신의 글로 세운 「쌍계사진감선사대공탑비」를 보았다. 감개가 무량했다. 여러 차례 손으로 만지고 또 만져보았다. 경내의 스님이 치원의 이상한 모습을 보고 다가왔다. 스님은 치원이 누군지 몰랐다. 치원은 스님이 자신에게 다가오자 손을 모아 합장했다. 스님도 치원이 합장하자 답례로 합장했다. 치원이 자신이 누군지 밝히자 스님은 깜짝 놀라 다시 공손히 치원을 향해 합장했다. 스님은 곧장 치원을 큰 스님에게로 안내했다. 큰 스님도 스님의 얘길 듣고 치원을 아주 반갑게 맞이했다. 두 스님은 당대의 명필가인 최치원을 만난 게 꿈만 같았든지 한 동안 흥분한 상태였다. 큰 스님은 치원을 다시 탑비로 데리고 갔다. 큰 스님은 직접 글을 쓴 주인공과 함께 탑비의 글씨를 감상하고 싶었던 것이다. 치원도 예상 밖의 환대도 환대였지만, 오랜만에 자신을 알아주는 사람을 만나서 무척 기분이 좋았다.

치원은 목소리를 가다듬고 자신이 직접 쓴 비문을 읽기 시작했다. 물론 큰 스님의 부탁 때문이었지만, 치원도 꼭 한번 이렇게 큰 소리로 읽고 싶었다. 카랑 카랑한 목소리가 조용한 산사에 울려 퍼졌다. 치원이 글을 읽는 동안 두 스님은 합장한 채 고개를 숙이고 있었다. 치원의 낭독이 끝나자 다시 한 번 두 스님이 치원을 향해 합장했다. 세 사람은 탑비를 한 바퀴 돈 후 다시 큰 스님 방으로 갔다. 스님이 차를 준비했다. 스님이 내 놓은 차가 바로 치원이 글을 쓴 진감선사(眞鑑禪師)가 840년(문성왕2)에 당나라에서 차(茶)씨를 가져와 절 주위에 심은 나무에서 딴 것이었다. 치원은 천천히 차를 음미했다. 중국 유학시절에는 차를 즐겨 마셨지만 고국에 돌아와서는 거의 차를 마시지 못했다. 차 맛이 아주 좋았다. 차가 목으로 넘어가자 몸속의 찌꺼기가 모두 사라지는 듯 했다. 그날 저녁부터 치원은 스님의 편의 제공으로 한참 동안 이곳에 머물렀다.

새벽 예불 소리에 치원은 잠이 깼다. 일어나 밖에 나가니 공기가 정말 맑았다. 치원은 이곳에 가야산에 가지 말고 이곳에 머물고 싶었다. 주위 풍광이 치원의 마음을 빼앗아버렸다. 흔히 '화개동시(花開洞詩)' 혹은 '지리산둔세시(智異山遁世詩)'로 알려진 시가 이수광의 『지봉유설(芝峰類說)』에 전한다.

우리나라 화개동은(東國花開洞)
항아리속의 별천지(壺中別天地)
선인이 옥베개를 밀어 일어나니(仙人推玉枕)
이 몸과 세상은 어느새 천년일새(身世欻千年).

골짜기마다 물소리 우레 같고(萬壑雷聲起)
봉우리마다 초목이 비에 새로워라(千峰雨色新)
산 속의 중들은 세월을 잊었지만(山僧忘世月)
잎 새에 어린 봄은 기억하네(唯記葉間春).

비온 뒤라 대나무 빛깔 더욱 짙은데(雨餘多竹色)
자리를 옮겨 앉으니 흰 구름 열리네(移坐白雲開).
고요한 가운데 나를 잊고 있노라니(寂寂因忘我)
솔바람이 베갯머리를 스쳐가네(松風枕上來).

봄이 오니 꽃이 땅에 가득하고(春來花滿地)
가을이 가니 낙엽이 하늘에 흩날리네(秋去葉飛天).
지극한 도는 문자를 떠나고(至道離文字)
원래 우리 눈앞에 있는 거라네(元來是目前).

계곡 물에 비친 달이 처음 생겨난 곳에(澗月初生處)
솔바람이 일지 않을 때(松風不動時)
두견새 소리 들려오니(子規聲入耳)
그윽한 흥취 절로 알겠구나(幽興自應知).

임천의 흥취를 말이야 한다지만(擬說林泉興)
이 기미를 누가 알겠는가(何人識此機).
무심히 달빛을 쳐다 보다가(無心見月色)
묵묵히 돌아가는 것도 잊었다네(默默坐忘歸).

은밀한 뜻 어찌 혀로 놀려 말하리오(密旨何勞舌).
강이 맑으니 달그림자 비친다(江澄月影通).
긴 바람이 골짜기에 불어오니(長風生萬壑)
붉게 물든 가을 산이 스산하기만 하네(赤葉秋山空).

소나무 위엔 푸른 댕댕이덩굴 얽히고(松上青蘿結)
계곡물 속에 하얀 달이 흐르네(澗中流白月).
바위샘에서는 물소리 콸콸 흐르는데(石泉吼一聲)
온 골짜기에 눈발이 펄펄 날리네(萬壑多飛雪).

지리산 주변에 최치원의 흔적은 많다. 절 입구의 좌측 편에 있는 커다란 바위에는 '쌍계(雙磎)', 오른쪽 바위에는 '석문(石門)'이 그의 친필이라 전한다. '가탄(加灘)' '석문(石門)' 부락도 그의 흔적과 무관치 않고, 학을 부른 환학대((喚鶴臺), 말발을 닮은 마족대(馬足臺), 폭포에서 놀았던 완폭대(翫瀑臺), 피리를 불었던 취적대(吹笛臺) 등이 마찬가지로 최치원의 발자취이다. 청학동(靑鶴洞)과 신흥마을로 비정하는 삼신동(三神洞)도 최치원이 아주 좋아했던 곳이다. 특히 삼신동은 그가 이상향으로 꼽을 만큼 선경(仙境)이었다. 치원이 조정의 벼슬을 요구받고 귀를 씻었다는 세이암(洗耳岩)도 있다. 더욱이 신흥사에 머물 때 꽂아 둔 지팡이에서 싹이 나 자랐다는 팽나무는 여전히 최치원의 존재만큼 건재하다. 산청군 지리산 고운동은 그의 이름을 빌린 계곡이다. 지리산 정상의 지름길에 위치한 법계사에도 그가 머물렀다. 넓은 바위를 문창대(文昌臺)라 부르고, 그 앞에는 누군가가 최치원이 머물렀다는 글씨를 새겨두었다.

치원은 지리산에서 참 오랜만에 즐거운 시간을 보냈다. 떠나기 전 쌍계사에 다시 들려 스님에게 하직 인사를 했다. 스님들은 무척 섭섭했지만, 잡을 방법도 없었다. 치원은 스님에게 합장했다. 언제 다시 만날 날이 있을까 싶었다. 발걸음이 떨어지지 않았지만 회자정리(會者定離)가 인생이기에 뒤 돌아보지 않고 걸어갔다. 그러데 일주문까지 걸어오는데 뒤에서 누군가 부르는 소리가 들렸다. 뒤 돌아보니 탑비에서 만난 스님이었다. 치원은 걸음을 멈췄다. 헐레벌떡 달려온 스님이 치원 앞에 서더니 뭔가 내밀었다. 뭔가 물으니 차였다. 큰 스님이 손수 만든 차였다. 치원은 갑자기 눈물이 핑 돌았다. 치원이 감동한 것은 차는 결코 아무에게 선물하지 않는다는 것을 잘 알고 있었기 때문이다. 또한 자신이 받은 차가 진감선사가 가져온 차 씨에서 만든 것이라서 결코 누구나 쉽게 먹을 수 없다는 것을 잘 알고 있었기 때문이다. 치원은 차를 받고 스님을 향해 합장했다.

동래의 바닷바람은 따뜻했다. 바닷가에는 사람이 없었다. 그러나 파도는 쉼 없이 모래를 애무하고 있었다. 모래는 물결 따라 이리 저리 흩어졌다. 간혹 갈매기가 짝을 찾다가 파도와 모래의 사랑을 지켜보면서 돌아갔다. 치원은 아주 오랜만에 비린내를 맡았다. 경주 감포에서 맡던 바다 냄새와 조금 다른 듯 했다. 그는 신발을 벗고 천천히 걸었다. 발바닥에 닿는 모래 맛이 광어회만큼 좋았다. 치원은 혼자서 사장을 걸으면서 지난날을 회상했다. 지난날의 크고 작은 일들이 주마등처럼 지나갔다. 멀리 수평선을 바라보니 자신의 앞날 같아서 마음이 거북했지만, 그래도 지난날이 허무한 것만은 아니라는 생각이 들었다. 한 인간이 태어나 자신이 꼭 하고 싶은 일을 하면서 사는 사람이 몇일까 생각하니 한결 마음이 편했다. 자신은 처음 계획대로 산 것은 아니지만 좋아하는 공부하면서 살아온 것만으로도 괜찮은 인생이라 생각했다. 바다를 보니 한결 마음이 넓어지는 느낌이었다.

치원은 바닷가에서 안으로 들어가 보았다. 아직 한 번도 깊숙이 들어가 본 적 없었기 때문에 궁금했던 것이다. 물이 바깥보다 차가웠다. 한 마리 갈매기가 치원의 머리 위를 빙빙 돌고 있었다. 마치 위험하다는 신호를 보내는 듯 했다. 자칫 큰 파도에 큰일을 당할 수 있다는 생각에 치원도 그만 밖으로 나왔다. 밖으로 나오니 한 두 사람이 보였다. 치원은 발을 대충 정리하고 동백섬으로 갔다. 길가에 뚝뚝 떨어진 동백꽃이 보였다. 참 처절한 낙화였다. 한 잎 한 잎 떨어지지 않고 통째 떨어지는 동백의 모습이 처연하기까지 했다. 그는 떨어진 동백꽃을 하나하나 모았다. 다 모아보니 작은 소쿠리에 한 소쿠리 정도였다. 모은 동백꽃을 옆에 있던 소나무 가지에 담아 바닷가로 내려갔다. 동백꽃을 바다에 뿌렸다. 꽃이 파도에 밀려 둥둥 떠 다녔다. 마치 못다 이룬 사랑이 사랑을 찾아 둥둥 떠다니는 듯 했다. 치원은 바다위에 떠 있는 동백꽃을 보면서 자신도 저 낙화처럼 세상을 둥둥 떠다니고 싶었다. 세상도 저 바다위의 낙화처럼 흔들렸다.

해운대 최치원 동상

동백섬의 동백꽃

해인사에 초막을 짓고

최치원은 904년 동래에서 해인사로 돌아왔다. 현재 해인사의 주소는 치인리이다. 한자는 스님을 의미하는 '치'인리(緇仁里)이지만, 1914년 이전에는 최치원의 이름을 딴 치원리였다. 이곳이 그의 마지막 안식처였다는 흔적은 여러 곳이다. 그가 동래에 들렀을 때까지만 해도 주변 지역까지 유람하고 돌아올 생각이었다. 그러나 사정이 여의치 않았다. 그가 이곳에 온 까닭은 『법장화상전(法藏和尙傳)』에서 엿볼 수 있다. 변란도 피하고 요양도 할 겸 이곳에 들린 것이다.

해인사에 들린 치원은 가족과 상봉했다. 그는 건강을 좀 회복한 뒤 현재 백련암 맞은편에 초막을 짓고 살았다. 그가 가족과 함께 살지 않았던 것은 가족을 위해 해줄 것이 아무것도 없었기 때문이고, 그가 계획한 일을 하기 위해서는 혼자 있는 게 편했기 때문이다. 가족도 그의 선택을 막을 방법이 없었다. 가족 모두 학문에 대한 열정이 그 누구보다 강했던 그였기에 막는다고 자신의 뜻을 굽힐 사람이 아니라는 것을 잘 알고 있었다. 그가 초막에서 할 수 있는 것은 오직 작품 활동뿐이었다. 그렇다고 작품 활동 자체가 쉬운 것은 아니었다. 작품 활동도 정치 활동만큼 힘든 과정이기 때문이다. 그러나 그가 가야산에서 작품 활동 밖에 달리 할 수 있는 게 없었던 것은 인생에서 가장 행복한 시간이었을지 모른다. 그 동안에도 적지 않은 글을 썼지만 늘 시간에 쫓길 수밖에 없었다. 시간에 쫓겨 글을 쓸 경우 글의 참맛을 느끼지 못한다. 글 쓰는 게 고통이지만 고통 속에서도 행복을 느껴야 좋은 작품이 나온다.

가야산에서 쓴 작품 중 『법장화상전(法藏和尙傳)』은 장문의 글이다. 이 작품은 중국 화엄종(華嚴宗) 제3대 조사(祖師) 현수 법장(賢首法藏, 643-712)의 전기(傳記)이다. 작가의 작품 활동은 그것이 자발적이든 청탁이든 온전히 자신의 생각을 드러내는 행위이다. 그가 몸이 불편한데도 이 작품을 썼다면 그만한 이유가 있을 것이다. 이 작품에서 법장의 청렴이나, 그의 신이성(神異性)과 영험성(靈驗性)을 강조한 것은 그가 꿈꾸는 인간상일지도 모른다. 게다가 화엄종과 밀접한 관계를 가진 법장을 선택한 것은 화엄의 원융(圓融)사상과도 무관하지 않을 것이다. 그는 '하나가 일체요, 일체가 곧 하나'라는 사상을 가진 화엄종을 신라 사회가 안고 있는 분열상을 치유할 수 있는 대안으로 생각했을 것이다.

그는 작품 활동을 하다가 소일 삼아 인근 지역을 유람했다. 그에게 유람은 또 하나의 작품 활동이기도 했다. 최치원은 종종 글을 쓰다가 무료하면 가까운 청량사(淸涼寺)에 들렀다. 그가 청량사에 종종 들린 것은 이 사찰이 자신이 거처하는 곳과 그다지 멀지 않은 탓도 있었지만, 남다른 기억 때문이기도 했다. 치원은 낙양에 여행할 때 어느 스님이 꼭 산서성 오대산의 청량사에 가보라는 얘길 들었다. 그러나 치원은 여러 가지 일로 직접 가보지 못했다. 치원은 아직도 그때 그곳에 가보지 못한 것을 후회하고 있었다. 그가 오대산에 가보지 못한 것을 후회하고 있는 것은 청량사에 얽힌 사연이 아주 애틋하고, 그런 사연에 감동해서 자신도 그런 사람이길 꿈꿨던 적이 있었기 때문이다.

청량사는 북위 효문제 때 건립한 사찰이다. 오대산에서도 가장 오래된 도량이다. 더욱이 청량사의 창건에는 문수보살에 얽힌 설화가 전한다. 지금부터 1500여 년 전 서역에서 지혜의 화신 문수보살은 동으로 순례의 길을 가고 있었다. 보살의 가슴에는 동쪽 세상 끝까지 불교를 전파하고자 하는 원력이 용솟음치고 있었다. 서역에서 동쪽 끝은 수 만 리 길이지만, 문수보살은 조금도 힘든 기색이 없이 추위와 더위, 밤과 낮이 바뀌는 거대한 대륙을 걷고 또 걸었다. 이렇게 한참을 걷던 보살의 눈에 오대산이 거대한 몸체를 드러냈다. 잠시 쉴 곳이 궁했던 보살은 한달음에 오대산으로 달려갔다. 그러나 오대산에 가까울수록 사나워지는 폭풍우와 폭염이 달려들 듯이 다가왔다. 그는 봇짐을 둘러맨 사람들이 삼삼오오 짝을 지어 오대산을 떠나는 데 놀랐다. 그런데 그는 늙고 병든 노인으로 변장해 그들에게 먹을 것을 구걸하자, 정신없이 피난 중에도 자비의 화신인양 빵과 음식을 내놓았다. 문수는 아름다운 마음씨에 감복해 오대산의 날씨를 바꿔 이들에게 새로운 보금자리를 마련해 주기로 마음을 먹었다.

문수보살이 먼저 떠올린 것은 용왕의 청량석(淸涼石)을 빌려오는 것이었다. 청량석이 날씨를 변화시키는 효험이 있다는 사실을 익히 알고 있었던 것이다. 이윽고 노인으로 변장한 보살은 바다로 들어가 용왕에게 청량석을 빌려줄 것을 간곡하게 부탁했다. 그러나 용왕은 "내 그대의 청을 들어주고 싶으나 이 거대한 바위를 옮길 수 없으니 가져갈 수 있으면 그냥 가져가도 된다"고 했다. 용궁의 보물을 주기 싫었던 용왕은 노인이 이 돌을 옮길 수 없을 것이라 생각했던 것이다. 용왕의 이런 속내를 모를 리 없었던 문수보살은 주문을 외워 이 거대한 바위를 주먹 크기의 조약돌로 바꿔 주머니에 담고 용궁을 나와 버렸다.

오대산으로 돌아오던 문수보살은 이 청량석을 과연 어디에 둘지 고민에 고민을 거듭했다. 그런데 남대 정상을 지날 무렵 주머니에 있던 청량석이 갑자기 커지더니 다시 원래의 크기로 변하면서 땅에 떨어졌다. 순간 문수보살은 이 곳이 청량석을 둘 자리라고 판단하고 이 곳에 사찰을 짓게 했다. 이 절이 바로 청량사다. 이후 문수보살은 매년 이 곳 청량사를 찾아 청량석 위에서 대중들을 향해 설법하니 사람들은 이 청량석을 문수보살 바위라고 불렀다.

치원은 해인사 근처의 청량사에 들릴 때마다 대웅전에 모신 석조 석가불좌상(보물 제265호)을 바라보면서 문수보살의 삶을 생각했다. 그는 글을 쓰면서도 늘 불교 도량에서 어떻게 살아야 할지 막막할 때가 한두 번이 아니었기 때문이다. 그래서 때론 석등(보물 제253호)에 불을 밝혀 자신의 마음을 바라보곤 했다. 번뇌가 심할 때는 밤새도록 석등 앞에서 보낸 적도 있었다. 아울러 그는 석등 앞에서 밤을 새우면서 새벽이슬이 온 몸에 닿을 때 열반을 느꼈다. 그 순간 그는 모든 것을 잊고 그런 상태로 잠들고 싶기도 했다. 치원에게 청량사는 바로 이런 느낌을 주는 사찰이었다. 이런 느낌이 그가 한때 경북 봉화의 청량사를 찾았던 이유이기도 했다.

어느 날 그는 신라 문무왕 7년 의상과 원효대사가 창건한 고견사(古見寺)에 들렀다. 그가 이곳까지 들린 것은 의상대사의 흔적을 보고 싶기도 했지만, 가야산의 또 다른 면을 보기 위해서였다. 그는 이곳에 들리자 말자 은행나무 한 그루를 심었다. 그가 은행나무를 심은 것은 중국 남쪽 사찰에서 본 은행나무가 생각났기 때문이다. 그는 중국에서 본 은행나무가 자신이 꿈꾸는 길과 다를 바 없다고 생각했다. 은행나무는 다른 가족 없이도 외롭게 천년 이상을 사는 나무였기 때문이다. 그는 이곳에서 하룻밤을 보낸 뒤 아침 일찍 고견사 뒤쪽으로 올랐다. 한참을 오른 뒤에 봉우리에 도착했다. 그곳에서 바라보니 멀리 동쪽으로 가야산이, 서쪽으로 덕유산이, 남쪽으로 지리산이 보였다. 정말 아름다운 광경이었다. 마치 청량사 석등 앞에서 맛본 열반을 다시 느끼는 기분이었다.

청량사 석조석가여래좌상(보물 제265호)

청량사 삼층석탑(보물 제266호)

청량사 석등(보물 제253호)

고견사

고견사 은행나무

10 농산정에서 읊는 최치원의 시

붉은 색으로 물드는 홍류동

최치원은 고견사에서 해인사로 돌아오는 길에 홍류동(紅流洞) 바위에서 땀을 식혔다. 그가 이곳에 서 쉬는 것은 단순히 오는 길이 힘들었기 때문이 아니었다. 그가 이곳을 그냥 지날 수 없었던 이유는 자연의 이치를 체험할 수 있었기 때문이다. 홍류동은 언제 보아도 좋은 우기청호(雨奇晴好)였다. 바위에 앉아 계곡을 바라보니 멀리서 꽃잎이 떠내려 오고 있었다. 그러나 물결에 밀려 이리 저리 떠내려 오던 꽃잎이 돌에 걸리고 말았다. 치원은 그 꽃잎이 언제 떠내려 올까 궁금해서 계속 그곳을 주시했다. 좀처럼 꽃잎은 돌에 걸려 내려오지 않았다. 그런데 새로운 꽃잎이 떠내려 왔다. 치원의 눈길은 다시 그 꽃으로 향했다. 치원의 눈에 들어온 꽃잎은 조금 전에 본 것과 달랐다. 이번에 본 꽃잎은 요리저리 곡예 하듯 돌을 피해 잘도 내려오고 있었다. 꽃잎은 그저 물결에 몸을 맡기고 있을 뿐이었다. 치원은 문득 저 꽃잎이 정말 자신이 원하는 삶을 살고 있다는 생각을 했다. 그저 물결에 몸에 맡긴 채, 자연의 이치에 맡긴 채 떠내려 오는 저 꽃잎이야말로 득도의 모습이라 생각했다. 치원이 이런 생각을 하는 찰라, 치원은 자신의 눈을 의심했다. 방금 보았던 그 꽃잎을 따라 헬 수 없는 다른 꽃잎이 떠내려 오고 있었다. 그 광경을 보는 순간 치원은 잠시 숨을 쉴 수 없었다. 바로 우화(雨花)였던 것이다.

어느 날 부처님이 영산회상에서 설법하고 계셨다. 그 때 하늘에서 천년에 한 번 꽃핀다는 만다라화를 비롯한 수많은 꽃이 비 오듯 내렸다. 또한 땅이 여섯 가지로 진동했다. 이러한 상서로운 징조에 천인이 풍악으로 공양했다. 홍류동에도 꽃비가 내렸던 것이다. 그는 홍류동에서 부처님이 설법한 우화를 보았던 것이다. 꽃은 꼬리에 꼬리를 물고 쉴 새 없이 내려갔다. 참으로 장관이었다. 참으로 열반이자 극락이었다. 그는 소나무를 어루만지면서 천천히 걸어 나왔다. 석양이 소나무 가지에 걸려 있는 시간이었다.

홍류동의 가을도 마찬가지이다. 홍류동의 봄이 꽃이라면 홍류동의 가을은 단풍이다. 홍류동 계곡에 비친 단풍은 심장을 멈추게 한다. 가을 날 단풍이 홍류동에 내려오는 날, 발을 담그고 가을하늘을 쳐다보면 차가운 물 기운이 온갖 번뇌를 사라지게 한다. 정자에 앉아 가을 단풍잎에 입맞춤하는 빗소리라도 들으면, 몇 년 동안 부처님을 뵙지 않아도 좋다. 붉은 꽃과 단풍이 계곡에 흘러 붙여진 홍류동은 그 자체로 극락이자 부처이다. 아니다. 이 세상 자체가 극락이자 부처이다. 그래서 인간은 발걸음 마다마다 극락을 딛고 갈 뿐이다.

시비소리조차 들리지 않게

낮잠을 자다가 치원은 빗소리에 깼다. 문을 여니 빗줄기가 문을 비집고 들어왔다. 처마에서 떨어지는 빗방울이 흙을 파낼 만큼 강했다.

그는 벌떡 일어나 삿갓을 쓰고 문을 나섰다. 단박에 홍류동에 도달했다. 치원을 뒤따라오던 물이 금방 홍류동 계곡을 가득 메웠다. 여름 큰 산의 계곡 물은 언제나 순식간에 가득 찬다. 하늘에서 처음 비를 맞이한 온 산의 나무가 물을 한꺼번에 토해내기 때문이다. 치원은 비를 맞으면서 계곡 물을 바라보았다. 물결은 마치 파도 같았다. 성난 황소처럼 감히 근접할 수 없었다. 치원의 귀에는 아무 소리도 들리지 않았다. 그저 물소리뿐이었다. 그는 자신도 모르게 중얼거렸다.

미친 듯 달려오는 듯 겹친 돌 첩첩의 뫼 울리니(狂奔疊石吼重巒)
지척간의 말소리조차 분간할 수 없네(人語難分咫尺間)
늘 시비소리 귀에 들릴까 두려워(常恐是非聲到耳)
흐르는 물로 온 산을 감싸게 하리라(故教流水盡籠山)

제시석

흔히 '제가야산독서당(題伽倻山讀書堂)', 혹 줄여 '제시석(題詩石)'으로 불리는 이 시는 지금도 홍류동 바위에 선명하게 남아 있다. 나는 10년 전 쯤 겨울 어느 날 이 시를 학생들과 함께 탁본했다. 표구한 이 시를 오랫동안 집에 걸어두었다. 이 시는 내가 몸담고 있는 학교 건물 5층에도 걸려 있다. 수업 시간에 늘 학생들에게 이 시를 보라는 숙제까지 낸다. 그 만큼 최치원의 이 시는 내 가슴에 남아 있다. 내 머리 속에 전체를 기억하고 있는 유일한 시가 바로 이 작품이다. 이 시의 진면목은 여름철 이 곳에 가는 자만이 맛볼 수 있다. 현재 남아 있는 농산정(籠山亭)은 바로 이 시의 마지막 구절을 딴 것이다.

나는 지금까지 해인사를 들릴 때마다 거의 예외 없이 이곳을 들린다. 내가 이곳을 들리는 것은 최치원의 흔적을 맡아보기 위해서이기도 하지만, 무엇보다도 스스로 그가 읊은 시 세계를 직접 체험하기 위해서이다. 특히 여름 영남의 유학자들이 세운 청원정에 들려 닭백숙을 시켜 놓고 소주잔이라도 기울이면서 맞은편 산 소나무에 떨어지는 비 내리는 모습을 보노라면 온갖 번뇌는 한 순간에 연기처럼 사라진다. 이곳에는 나만 찾은 게 아니라 그를 추앙하는 사람들도 어김없이 찾았다. 그 중 목은 이색, 점필재 김종직 등도 빠지지 않았다.

다시 살아 돌아온 최치원

생명체는 대개 부활을 꿈꾼다. 그런데 부활에서 중요한 것은 그 의미이다. 도대체 부활이란 무엇인가? 다시 살아나는 것이 부활이다.

무엇이 다시 살아나는가? 육체인가, 아니면 의미인가. 어떤 생명체든 태어나 죽으면 그 모습대로 다시 태어날 수 없다. 예수든, 석가든, 공자든 지구상에서 성인으로 추앙받던 그 누구도 생전의 모습으로 태어날 수 없다. 죽은 자가 다시 살아났다는 것은 곧 의미의 부활이다. 최치원의 죽음을 두고 말이 많은 것은 그에 대한 후세 사람들의 기대가 그 만큼 크기 때문이다. 그의 죽은 뒤 사람들이 가장 많이 기대한 것은 신선(神仙)이다.

최치원이 죽은 후 신선이 되었다는 생각을 공개적인 문헌으로 가장 먼저 퍼트린 사람은 고려 고종 때의 학자 이인로(李仁老, 1152-1220)이다. 그는 『파한집(破閑集)』에서 이렇게 썼다.

"벼슬에 뜻이 없어서 가야산에 은거하다가 어느 날 아침 일찍 문을 나간 후 간 데를 알 수 없었다. 관(冠)과 신발을 숲 속에 남겨놓은 걸 보면 아마 신선이 되어 올라간 것 같다."

이인로는 최치원을 벼슬에 뜻이 없어 가야산에 온 것으로 보고 있다. 이인로처럼 많은 사람들이 그가 가야산에 온 이유를 벼슬에 뜻이 없다는 점을 든다. 때론 산에 들어가면 벼슬에 뜻이 없는 것으로 해석할 때가 많다. 그러나 이인로의 지적처럼 최치원은 벼슬에 뜻이 없어서 가야산에 온 것은 아니다. 그는 가야산에 있으면서도 현실 정치에 많은 관심을 두고 있었다. 그가 진정 유학자라면 상황이 허락하면 언제든지 벼슬에 나가야만 한다. 그는 사실 그런 사람이었다. 더욱이 이인로가 최치원을 신선으로 보는 또 다른 이유도 황당하다. 그 근거가 관과 신발이 숲에 남겨 두었기 때문이다. 관과 신발이 숲에 있고 사람이 없는 것을 두고 신선의 근거로 삼는다면, 많은 사람 중 이런 예에 해당하면 모두 신선이라는 해석이다. 이인로 같이 당대의 대가가 이렇게 허술하게 최치원을 평가한 게 이상할 정도이다. 그러나 후세 사람들은 이인로의 이 같은 설을 신봉하고 있다. 농산정 옆 홍류동 계속에도 그가 신선이 되었다는 둔세비가 남아 있다.

농산정

고운 최치원 선생 둔세비

조선시대에도 최치원의 신선설은 계속 이어졌다. 1489년 김일손(金馹孫, 1464-1498)이 화개동 신흥사에 들렀다가 전해들은 얘기를 기록한 『속두류록(續頭流錄)』에서도 이런 예를 찾아볼 수 있다. 이 기록에는 최치원이 신선이 되어 흰 망아지를 타고 신흥마을에 나타났다는 얘기가 있다. 이 얘기는 이인로의 주장보다 훨씬 문학적이다. 신선과 말도 잘 어울리는 얘기다. 이 얘기는 민간에서 전해오는 것을 채록한 데 지나지 않지만, 신흥마을에서는 충분히 있을 법한 내용이다. 더욱이 두류산, 즉 지리산에 들린 최치원의 위력을 확인할 수 있다. 그러나 김일손보다 이율곡의 '유가야산부(遊伽倻山賦)'는 훨씬 흥미롭다.

“꿈에 어떤 신선이 학을 타고 훨훨 날아와 내게 말했다.

‘내게 신선약이 있는데 한번 배부르면 굶주림을 잊고, 그 어떤 신선세계든 마음대로 갈 수 있네. 그대는 내가 누군 줄 알겠는가?’

나는 대답했다. ‘알겠습니다. 상계(上界)에 계시는 신라학사로서 세상에서 유선(儒仙)이라 일컫는 분이 바로 선생님 아니십니까?’

신선이 미소를 지으며 거문고를 당겨 노래했다. 노래가 끝나자 신선은 보이지 않고 온갖 소리가 모두 고요해라. 문을 열고 내다보니 빈산에 달빛만 휘영청 하다.”

이율곡의 글에서는 학이 등장한다. 흰 말처럼 학도 희다. 흰 색은 곧 신선에 대한 이미지이다. 꿈을 통해 최치원을 등장시키는 방식은 극적인 요소를 갖고 있을 뿐 아니라 그 만큼 그를 생각하는 강도가 높다는 것을 의미한다. 꿈에 나올 정도이기 때문이다. 이율곡의 글에서는 유선(儒仙)도 눈여겨볼 대목이다. 이는 유교의 탈을 쓴 신선이라는 얘기고, 유교와 도교를 혼합한 형태라는 뜻이다. 이게 과거 우리나라 유학자들의 심리였다. 이수광(李睟光, 1563-1628)의 『지봉유설(芝峰類說)』에 등장하는 얘기도 율곡이 전하는 내용 못지않게 흥미롭다.

“조선조 중종 때의 문인 남추는 하인에게 편지를 보내어 청학동에서 신선이 된 고운 선생에게서 청옥으로 된 바둑돌을 얻어와 친우들과 즐겨 그 돌로 바둑을 두었다.”

이 애기는 최치원이 청학동에 들렸다는 사실과 관련해서 만든 것이다. 신선과 바둑도 잘 어울리는 얘기다. 바둑을 흔히 신선노름이라 부르는 것과 무관하지 않다. 조선시대 임억령(林億齡, 1496-1568)의 「쌍계사 시」에서도 그를 신선으로 묘사하고 있다.

치원은 신선이라(致遠僊人也)
바람처럼 세상을 버리다(飄然謝世氣).
보통 사람의 무덤엔 죽은 사람 이름자가 보이지만(短碑唯有字)
깊은 골짜기엔 원래 무덤이 없는 법(深洞本無墳).
산을 쳐다본들 어이하랴?(高山安可仰)
한갓 청초한 향기만 맡을 뿐(徒此揖清芬).

최치원의 사후 신설설에 대한 반론도 적지 않다. 그러나 신선설이든 반론이든 모두 고증할 수 없는 것은 마찬가지다. 단지 이중환『택리지(擇里志)』의 "선생이 도를 통해 지금도 가야산과 지리산 사이를 왕래한다고 한다."는 지적처럼, 많은 사람들이 여전히 최치원을 마음에 부활시키고 있다는 점은 분명하다. 그러니 최치원은 결코 죽지 않았다. 그는 분명 신선으로 살아 있는 것이다. 그러나 그의 모습은 한 가지가 아니라 아주 다양하다. 그 이유는 사람들마다 그에게 기대하는 것이 다르기 때문이다. 나는 그에게 무엇을 기대할까? 내가 그에게 관심을 갖는 것은 상상력이다. 그는 나에게 뿐 아니라 많은 사람들에게 무한한 상상력을 준다. 이것만큼 큰 영향력도 없다. 이것만큼 사람을 행복하게 만드는 것도 드물다. 나에게 최치원은 행복을 주는 사람이다.

문창후선생유허비

참고문헌

金富軾, 『三國史記』, 古典刊行會, 1931.

一然, 『三國遺事』, 국학자료원, 2002.

朝鮮史學會 編, 『新增東國輿地勝覽』, 朝鮮史學會, 1930.

徐居正, 『東文選』, 태학사, 1975.

李仁老, 『破閑集』, 아세아문화사, 1972.

金馹孫, 『濯纓先生文集』, 경인문화사, 1997.

李珥, 『栗谷全書』, 민족문화추진회, 1988.

李睟光, 『芝峰類說』, 경인문화사, 1970.

이중환 지음·이익성 옮김, 『택리지』, 을유문화사, 2002.

劉昫 撰, 『舊唐書』, 中華書局, 1971.

한국사학회·동국대 신라문화연구소, 『신라 최고의 사상가 최치원 탐구』, 주류성, 2001.

崔英成, 『崔致遠全集1-四山碑銘』, 亞細亞文化社, 1998.

崔英成, 『崔致遠全集2-孤雲文集』, 亞細亞文化社, 1999.

최영성, 『최치원의 시 정신연구』, 아세아문화사, 1990.

한석수, 『최치원설화연구』, 계명문화사, 1999.

성낙희 『최치원의 사상연구』, 관동출판사, 1986.

이종문, 『漢文古典의 實證的 探索』, 계명대학교출판부, 2005.

邱龐同, 『中國菜肴史』, 青島出版社, 2001.

양현지 지음·서윤희 옮김, 『낙양가람기』, 눌와, 2001.

淮南子·沈德鴻 註, 『淮南子』, 商務印書館, 1976.

신용목, 『바람의 백만번째 어금니』, 창작과비평사, 2007.

이재운, 「최치원연구」, 백산자료원, 1999.

한석수, 「최고운전연구사」, 『人文學志』(충북대학교 인문과학연구소)24, 2002.

하원수, 「唐後半期 進士科 士人들간의 私的 紐帶」, 『東洋史學研究』56, 1996.

저자 강판권

계명대학교 사학과를 졸업하고 같은 대학원 역사학과에서 석사학위를 받았으며, 경북대학교에서 박사학위를 받았다. 현재 계명대학교 사학과 조교수이다. 주요 저서로 『어느 인문학자의 나무 세기』(2002), 『공자가 사랑한 나무 장자가 사랑한 나무』(2003), 『청대 강남의 농업 경제』(2004), 『차 한 잔에 담은 중국의 역사』(2006), 『나무열전』(2007), 『명청시대 사회경제사(공저)』(2007), 『마을숲과 참살이(공저)』(2007)가 있고, 번역서로 『미국의 중국근대사 연구(공역)』(1995), 『1587 만력 15년 아무 일도 없었던 해(공역)』(2004), 『캠브리지 중국사 10, 청제국말 1부 상하(공역)』(2007), 『캠브리지 중국사 11, 청제국말 2부 상하(공역)』(2007) 등 다수가 있다.

E-mail: k6356@kmu.ac.kr

최치원, 젓나무로 다시 태어나다 계명영남학총서 4

인쇄 | 2008년 3월 05일
발행 | 2008년 3월 10일
저 자 | 강판권
펴낸이 | 이진우
펴낸곳 | 계명대학교출판부
704-701 대구시 달서구 달구벌대로 2800
전화 053-580-6233 팩스 053-583-5213
등록 | 1970. 9. 1. (신고번호 제347-1998-1호)
ISBN 978-89-7585-422-4 93810

값 12,000원